HIER UND JETZT STARTET IHRE
Reise um die ganze Welt.

Sind Sie bereit?

Machen Sie sich keine Gedanken,
wenn Sie Ihren Reisepass gerade nicht parat haben:
Grenzen müssen Sie für diese
Weltreise keine überqueren.

Willkommen in Deutschland.

CON
BOOK.

Franziska
CONSOLATI

IN Deutschland UM DIE WELT

CON
BOOK.

»It‘s not what you look at that matters.
It‘s what you see.«
(Henry David Thoreau)

1
7
3
1
10
2
10
5
8
6
13
5
9
10
12
17
15
2
4
8
8
2
16
14
11
17
18
1
20
19

Inhalt

Afrika

Asien

Antarktika

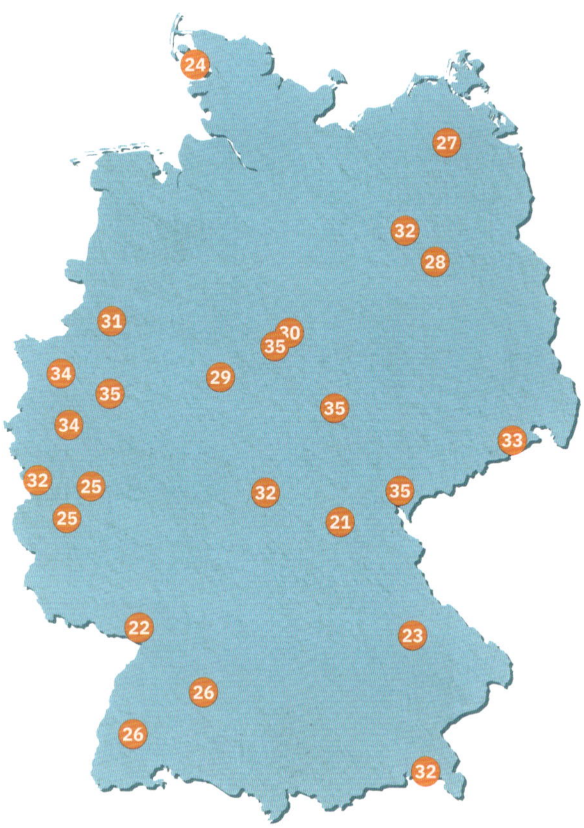
24
27
32
28
31
30
35
34
35
29
35
34
33
32
25
32
35
25
21
22
23
26
26
32

Inhalt

Europa

Naher Osten

In unseren Nachbarländern um die Welt

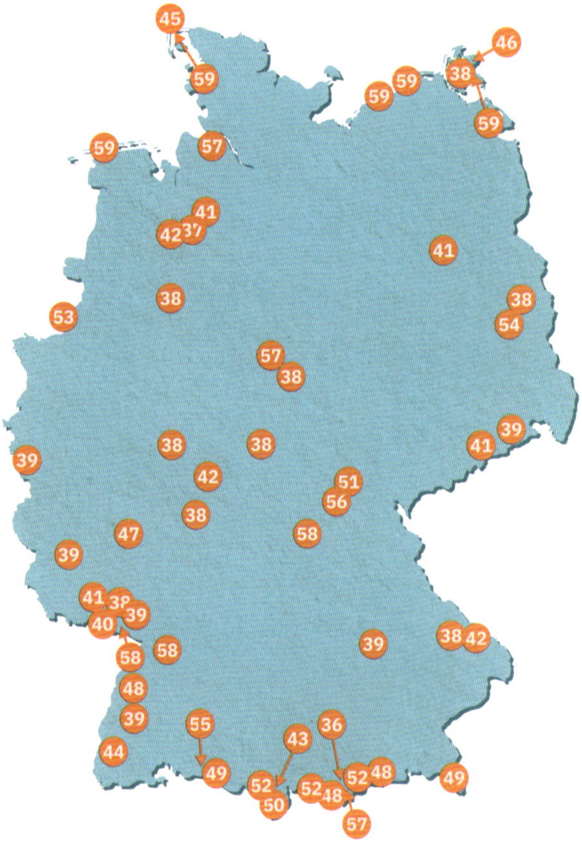
45
46
38
59
59
59
59
59
57
41
42
37
41
38
38
53
54
57
38
39
41
39
38
38
42
51
56
38
47
58
39
41
38
39
40
38
42
58
39
58
48
39
55
36
43
44
49
52
48
49
52
52
48
50
57

Inhalt

Nordamerika

Ozeanien

Südamerika

Anhang

In Deutschland um die Welt

Prolog

Gerade fühle ich mich ein kleines bisschen wie Alice im Wunderland. Allerdings ohne die wohl frisierten Haare, definitiv ohne das Kleid und die polierten Schuhe.

Stattdessen ziemlich zerzaust und verschlafen, ein Rucksack auf dem Rücken, die Füße stecken in Wanderschuhen, die sich eben noch laut schmatzend durch den matschigen Waldboden gekämpft haben.

Die Bäume haben wir jetzt hinter uns gelassen. In völliger Stille, in der wir fast den Nebel auf unsere Schultern rieseln hören, laufen wir über einen letzten Wiesenhang hinauf zum Kamm.

Es ist einer dieser Herbsttage, an denen irgendwer irgendwann mal beschlossen hat, der Herbst hätte es verdient, als golden gefeiert zu werden. Das Tal liegt im Nebel, der sich nach Sonnenaufgang verziehen wird, und wir können ganz sicher sein, dass der Himmel darüber in seinem tiefsten Blau strahlen wird. Die Wiesen und Bäume sind mit einem knisternden Schleier aus Frost überzogen, das Laub strahlt in allen Tönen, die auf der Farbskala zwischen hellem Gelb und tiefem Rot zu finden sind.

Und in der Luft hängen immer noch all die Erinnerungen an den Sommer.

Mit dem letzten Schritt auf den Bergkamm schießen mir noch viel mehr Erinnerungen in den Kopf. Auch welche, die viel älter sind als die an den letzten Sommer.

Wir stehen so weit oben, so losgelöst von der Landschaft um uns herum, dass wir zu allen Seiten in die Täler nach unten schauen können. Die liegen unter einer Nebeldecke verborgen, die der orange-pinke Streifen des Sonnenaufgangs vom tief blauen Himmel trennt.

Ich habe Bilder im Kopf.

Von einer Wanderung entlang der Grenze zwischen Südafrika und Lesotho – auf einen 3.000 Meter hohen Gipfel, der mit seinem kleinen Horn so markant ist, dass er uns schon hundert Kilometer vorher bei der Anreise aufgefallen war. Wir hatten es uns in den Kopf gesetzt, diese lange Tour irgendwie an einem so kurzen Wintertag zu meistern.

Die Stimmung, die uns belohnt hat, war eine ähnliche wie die gerade. Die Gänsehaut genau dieselbe. Nur, dass wir dabei hinunter in die weiten Ebenen KwaZulu-Natals in Südafrika geschaut haben. Und nicht auf den Chiemsee in Bayern.

Mittlerweile aber weiß ich: Dieses Gefühl, das ich noch Jahre später nachempfinden kann (und wenn ich das schon in eben diesem Moment weiß, dann sind das ohnehin die besten Erlebnisse) – dieses Gefühl hat nichts mit Südafrika zu tun. Und auch nicht mit dem Chiemgau.

Und obwohl der Herzschlag ein besonderer ist, bei dem wir begreifen, dass wir gerade wirklich in Afrika stehen –

◀ Manche Déjà-Vus schicken mich in Gedanken um die ganze Welt. So fühlt sich der Sonnenaufgang in den Chiemgauer Alpen ...

so ist auch der ein besonderer, bei dem wir begreifen, wie außergewöhnlich ein Moment ist, für den wir nicht extra in die Ferne reisen müssen. Ein Moment, der immer und immer wieder passieren kann. Ohne tagelange Anreise, ohne, dass wir aus den verbleibenden Urlaubstagen eine abireife Rechenübung abliefern.

Und ohne, dass wir befürchten müssen, dass wir es an diesen Ort in diesem Leben vielleicht kein zweites Mal mehr schaffen werden.

Denn, Hand aufs Herz: Woran erinnern Sie sich, wenn Sie eine Reise im Kopf noch einmal erleben?

An den Moment, als Sie gesehen haben, wie ein wahrscheinlich recht kurz angebundener Grenzbeamter einen neuen Ländernamen kaum leserlich in Ihren Reisepass gestempelt hat?

Oder aber erinnern Sie sich an all die Abenteuer, die Erlebnisse und Begegnungen, die zwischen diesem Einreise- und dem Ausreisestempel passiert sind?

Wenn ich mich an meine Abenteuer und Reisen in nahe und sehr ferne Ecken der Welt erinnere, dann denke ich nicht an Australien, Afrika, an die Mongolei, die Sahara, das isländische Hochland oder das Kaukasus-Gebirge.

Stattdessen erinnere ich mich an den Moment, als wir im Australischen Outback mit unserem Camper im Sand stecken geblieben sind und mir zwei Stunden lang die Mittagshitze auf die Schultern gebrannt hat. Ich denke an eben die Wanderung an der Grenze zwischen Südafrika und Lesotho und an den Sonnenaufgang. Daran, wie meine Knie immer tiefer im Sand versunken sind, als wir im Gebüsch auf Tiere gewartet haben. Ich denke an die Millionen Sterne am Himmel und die Nacht, als ich das Sternbild des Orion zum ersten Mal selbst gefunden habe.

Diese Liste ist unendlich, im Prinzip aber kann ich sie ganz kurz zusammenfassen: Wenn ich mich an all meine Abenteuer und Reisen in nahe und sehr ferne Ecken der Welt erinnere, dann denke ich an unvergessliche Erlebnisse zurück.

Zugegeben: Diese Erkenntnis hat ein wenig auf sich warten lassen. Ich habe eine Weile gebraucht, um das zu begreifen: dass wir nicht grundsätzlich in die Ferne schweifen müssen, um Unbekanntes zu entdecken. Um Abenteuer zu erleben, die für immer bleiben werden.

Und ja, die Exotik eines Ortes, die neuen Gerüche in der Luft, fremde Eindrücke und die Zeit, die wir gebraucht haben, um anzukommen – das sind definitiv Faktoren, die lebenslange Erinnerungen begünstigen. Trotzdem sind es nur vier. Von insgesamt wie vielen? Dutzenden, Hunderten?

Heute bin ich unendlich froh, dass ich das mittlerweile begriffen habe.

An meiner Liebe zum Reisen hat diese Erkenntnis freilich nichts geändert. Doch seit ich versuche, Erinnerungen, Erlebnisse und Abenteuer von allen Kontinenten zu mir zu holen, anstatt immer nur zu ihnen zu reisen, begleitet mich Tag für Tag eine neue Art von Lebensgefühl.

Zum Beispiel an einem Freitagmorgen im Oktober. In den bayerischen Alpen, mit Blick auf den Chiemsee, den ich schon – wie oft? – Dutzende Male vorher gesehen habe. Aber diesen einen Moment an diesem einen Freitagmorgen, der so schön ist, dass ich mich fühle wie Alice im Wunderland – den erlebe ich gerade zum ersten Mal.

Und genau, wie ich mir beim Sonnenaufgang in den südafrikanischen Drakensbergen sicher war, dass er ein Leben lang bleiben wird – so sicher bin ich mir auch bei diesem Sonnenaufgang in den Chiemgauer Alpen.

Ich bin weniger von Fernweh geplagt, seit ich mein Glück nicht mehr nur dort suche. In der Ferne.

Die schönsten Momente, die ein Leben lang bleiben werden, passieren stattdessen unverhofft und überall. Direkt vor meiner Haustüre. Und auch vor Ihrer.

Sehen Sie selbst.

1
Mit dem Fernglas auf Vogel-Safari

2
Eine Nacht wie in einem afrikanischen Baumhaus

3
Das Gefühl einer Kap-Expedition an der Nordsee

4
Faszinierende Kulturen, exotisches Essen und traditionsreiches Handwerk erleben

5
Offroad-Trip zwischen Schlamm und Schlaglöchern

6
Mit einem Ranger auf Erkundungstour durch den Nationalpark

Afrika

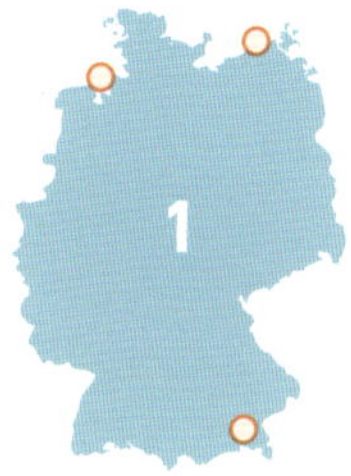

TANZENDE KRANICHE *und Millionen Zugvögel*

Mit dem Fernglas auf Vogel-Safari

BUNDESLÄNDER
Bayern, Schleswig-Holstein, Mecklenburg Vorpommern

JAHRESZEIT
Ganzjährig

Wie lange ich schon hier sitze?

Gute Frage.

Lange genug, dass meine Augen vom viel zu seltenen Blinzeln ganz trocken und meine Lunge vom Luftanhalten angespannt ist.

Aber auch lange genug, um den braun und blau schimmernden Vogel zu sichten, wegen dem ich hier bin. Gerade hat er sich aus dem hohen Schilf getraut und hält auf dem Felsen im Wasser Ausschau.

Eisvögel haben mich schon immer fasziniert. Vielleicht, weil sie eine Art sind, die viele Länder gemein haben. Sie gehören zu den wenigen Vögeln, die ich überall mit ziemlicher Sicherheit bestimmen kann. Und wenn wir etwas sehen, das wir einordnen können, von dem wir gelesen oder gehört haben – dann übt das eine ganz besondere Faszination auf uns auf.

»Man sieht nur, was man weiß.« Das hat schon Johann Wolfgang von Goethe gesagt.

Der Eisvogel, der vielen Reisenden in der englischen Sprache als *Kingfisher* bekannt ist, fasziniert mich, seit ich ihn in Südafrika zum ersten Mal gesucht und bewusst beobachtet habe. Man kann sagen, dass er mein Tor zur Vogelwelt Südafrikas war. Oder sogar generell zur Vogel-

▼ Der Chiemsee ist für viele Zugvögel ein bedeutender Zwischenstopp auf ihrer Reise zwischen Nord und Süd.

welt, denn seit dieser Begegnung nehme ich mir oft Zeit, um ihn und andere Arten irgendwo zu sichten.

Der Eisvogel macht es uns besonders leicht: Der türkise Rücken und der rotbraune Bauch dieser einen Unterart schimmert je nach Kontinent mal stärker oder blasser türkis und rotbraun – immer aber ist diese Verfärbung unverwechselbar. Dazu ein Schnabel, der ungefähr genauso lang ist wie der Kopf groß.

Gerade sitzt genau so ein Exemplar vor mir.

Dieses Mal aber bin ich nicht in Südafrika, in diesem Park nahe Johannesburg – auch, wenn mich der Vogelbeobachter neben mir, der in Khaki gekleidet ist und unter seinem Safari-Hut durch ein mehrere Kilo schweres Teleskop späht, ehrlich gesagt daran zweifeln lässt.

Gerade bin ich am **Chiemsee**. Dem größten See Bayerns, der auch als »bayerisches Meer« bezeichnet wird.

Biologen und Ornithologen haben hier während der vergangenen Jahrzehnte über 300 verschiedene Vogelarten nachgewiesen.

Rund die Hälfte davon sind einheimische Vögel, die in den unbebauten und geschützten Gebieten rund um den Chiemsee brüten. Dazu gehören beispielsweise Kormorane, Schwäne, Falken und der türkis-rotbraune Eisvogel.

Die andere Hälfte der gesichteten Vogelarten sind Gäste, die am Chiemsee und in den angrenzenden Moorlandschaften auf ihrer Durchreise Halt machen. Zum Beispiel der weiß-gepunktete Wasserläufer, der überwiegend in der Tundra Skandinaviens und Russlands brütet und am Chiemsee den Sommer verbringt, bevor er sich in sein Winterquartier südlich der Sahara aufmacht.

Der Umkehrschluss, der sich daraus ergibt, ist so einfach wie faszinierend zugleich:

Hier am Chiemsee, die Alpen im Hintergrund und das bayerische Meer vor mir, kann ich denselben Vogel beobachten, den ich ein paar Wochen später in Afrika sehen kann.

Rund um den Chiemsee und in den umliegenden Moorlandschaften gibt es mehrere offizielle Beobachtungstürme. Alle Türme (außer die Beobachtungsstation Prienmündung) sind frei zugänglich und zu Fuß oder mit dem Fahrrad vom Chiemsee-Rund- und Radweg aus erreichbar. Wer kein eigenes Fernglas hat, kann das Spektiv vor Ort benutzen. Infotafeln helfen, die gesichteten Vogelarten zu bestimmen.
Die Koordinaten der Beobachtungstürme fürs Navi (im Uhrzeigersinn rund um den Chiemsee, ausgehend von der Hirschauer Bucht in der Nähe von Grabenstätt):

Hirschauer Bucht:	N 47.859093, E 12.518599
Lachsgang:	N 47.856462, E 12.484773
Kendlmühlfilzen:	N 47.798791, E 12.447802 (zum Zeitpunkt der Recherche geschlossen)
Irschener Winkel:	N 47.831446, E 12.378735
Prienmündung:	N 47.875897, E 12.358229 (nur für Führungen geöffnet, Kontakt über die Gemeinde Rimsting unter +49 8051 / 68 76 21)
Ganszipfel:	N 47.875994, E 12.408558
Burgham:	N 47.935940, E 12.447718
Seebruck:	N 47.931228, E 12.473006
Chieming:	N 47.896165, E 12.527278 (barrierefreier Zugang)
Hagenau:	N 47.864688, E 12.524354

Das bayerische Meer aber ist nicht die einzige Möglichkeit für vielversprechende Vogelbeobachtungen: In Deutschland gibt es über 700 eingetragene Vogelschutzgebiete. Geschützte Regionen mit einer großen Artenvielfalt finden sich in jedem Bundesland, ein paar stechen besonders hervor. Wenn die Vögel ziehen, spielt sich hier ein beeindruckendes Naturschauspiel ab.

Schleswig-Holstein

Millionen Zugvögel im Wattenmeer

Das **Wattenmeer** zählt zu den vogelreichsten Gebieten der Welt und ist ein bedeutender Zwischenstopp für Zugvögel zwischen ihren Brutgebieten in arktischen Regionen und den Überwinterungsgebieten in Südeuropa und Afrika. Im Frühjahr und Herbst tummeln sich hier Millionen von Gänsen und Wattvögeln, im Winter können wir arktische Singvögel beobachten.

Zum Beobachten ist die Zeit wenige Stunden vor Hochwasser besonders empfehlenswert: Dann kommen die Vögel mit dem auflaufenden Wasser von den Wattflächen zurück zur Küste und sammeln sich an ihren Rastplätzen.

Auf der Webseite des Nationalparks Wattenmeer gibt es eine gute Übersicht der besten Beobachtungszeiten samt Illustrationen der Vögel, die wir sichten können. Experten bieten individuelle Beobachtungstouren an.

www.nationalpark-wattenmeer.de/vogelbeobachtung

Mecklenburg-Vorpommern

Tanz der Kraniche

Für Kraniche ist der **Nationalpark Vorpommersche Boddenlandschaft** eines der bedeutendsten Rastgebiete Europas. Wenn sie im Herbst gen Süden und im Frühjahr wieder gen Norden fliegen, tummeln sich hier bis zu 50.000 Kraniche gleichzeitig. Beobachten können wir sie zwischen Mitte März und Anfang April – im Herbst von September bis Ende Oktober. Beim Balzritual im Frühjahr sieht es aus, als würden Tausende Kraniche tanzen.

Beliebte Beobachtungspunkte sind der **Aussichtsturm Pramort** (erreichbar zu Fuß oder mit dem Fahrrad) auf der **Halbinsel Zingst** und die **Beobachtungsstation Kranorama** am **Günzer See**. Hier empfangen Ranger die Besucher mit moderner Beobachtungstechnik.

Für alle, die mehr über die Vögel erfahren wollen, bietet das Kranich-Informationszentrum in Groß Mohrdorf nordwestlich von Stralsund Exkursionen an.

Lindenstraße 27, 18445 Groß Mohrdorf • +49 38323 / 80540 • www.kraniche.de

Gut zu wissen

Kraniche gelten als besonders Scheu und lassen sich leicht stören. Laute Geräusche, helle Kleidung und Blitzlichter beunruhigen die Kraniche und können sie vertreiben. Der Bund für Umwelt- und Naturschutz hat auf seiner Webseite im Menüpunkt »Kraniche« Tipps für die Kranichbeobachtung zusammengestellt: Die beste Zeit zur Beobachtung ist beispielsweise der Sonnenuntergang, um die Kraniche beim Anflug auf ihre Schlafplätze zu beobachten. Tagsüber, wenn die Vögel auf Nahrungssuche sind, lassen sie sich am besten aus dem Auto beobachten, dann nehmen sie uns weniger als Störfaktor wahr (dazu unbedingt den Motor abschalten). Sobald ein Kranich den Kopf hebt, ist das hingegen ein Signal, dass er auf der Hut ist. Jede weitere Störung, und das kann eine einfache Bewegung oder der Auslöser der Kamera sein, ist ein Grund zur Flucht.
www.bund-dhm.de

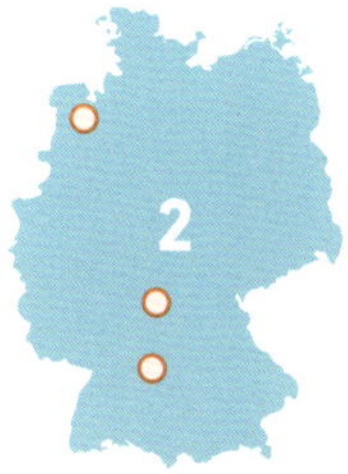

IN DEN KRONEN, *unter den Sternen*

Eine Nacht wie in einem afrikanischen Baumhaus

BUNDESLÄNDER
Baden-Württemberg, Bayern, Niedersachsen

JAHRESZEIT
Ganzjährig

Wie drinnen fühlt es sich hier nicht an, und das, obwohl ich gerade eine Tür hinter mir zugezogen habe.

Ich stehe mitten im Baum, bin umgeben von Holz, Grün und Licht. Die Abendsonne zeichnet die Formen der Blätter auf den Holzboden, Vögel zwitschern, Äste rascheln. Und hoch oben in der Baumkrone gegenüber, im rechten Eck des großen Fensters, da sitzt ein Pfau.

Was für eine Begrüßung im wilden Südafrika. Genau so hatte ich mir das Lebensgefühl hier erträumt, mir aber nie vorstellen können, dass ich so schnell hineinrutschen werde. Schließlich sind wir, Felix (mein liebster Reisegefährte und mittlerweile auch mein Mann) und ich, gerade erst angekommen. Ganz generell in Südafrika, aber auch hier, in diesem kleinen Haus auf Stelzen in den Drakensbergen.

Die bis zu 3.482 Meter hohen Drakensberge sind das höchste Gebirge des südlichen Afrikas. Aber gerade spielt das überhaupt keine Rolle, ich kann ja ohnehin nur bis zum nächsten Baum sehen. Sprich: ungefähr fünf Meter. Wäre dort nicht gerade noch der Pfau gesessen, könnte dieser Baum überall stehen.

Und das Gefühl, hier zu sein – wie das Sonnenlicht früh morgens und abends Muster auf die Böden und an alle Wände malt, die Geräusche, die zwischen den Ästen durch die offenen Fenster nach innen flüstern, und der Geruch nach Holz und Harz – dieses unverwechselbare Gefühl kann überall entstehen. Überall, wo es möglich ist, in Baumhäusern zu überachten.

Und das ist es auch in Deutschland.

Baden-Württemberg
Baumpalast mit Weitblick

Direkt am fränkisch-schwäbischen Jakobsweg, zwischen Schwäbisch-Hall und Donauwörth, liegen die sieben Häuschen von **Baumpalast** am Rande eines Kiefernmischwalds. Alle mit Blick in die Kronen, manche von ihnen sogar mit Panorama auf die umliegende Hügellandschaft. Im größten Baumhaus können bis zu sechs Gäste übernachten, auch Haustiere sind willkommen.

Die Preise pro Haus beginnen bei 135 Euro für zwei Personen, Frühstück kann dazu gebucht werden.

Hüttenhof 5, 73494 Rosenberg • +49 157 53 17 54 32 • www.baumpalast.de

Bayern
Absolute Ruhe im Naturpark Spessart

Schon der Name des Baumhaushotel **Seemühle** verrät, dass es sich um einen besonderen Ort handelt: Eingebet-

◄ Im Nationalpark Vorpommersche Boddenlandschaft können wir Kraniche mit etwas Glück aus nächster Nähe beobachten.

Baumpalast

Das Baumhaushotel

tet in die Ruhe und Einsamkeit des **Naturpark Spessart** steht hier eine fast 400 Jahre alte Mühle im Fachwerk-Stil. Ringsum sind zwischen den Lärchen und Fichten zehn Baumhäuser für zwei bis sechs Gäste entstanden. Die Preise starten pro Haus ab 240 Euro für Übernachtung und Frühstück.

Seemühle 1, 97782 Gräfendorf • +49 9357 / 90 980 20 • www.das-baumhaushotel.de

Niedersachen

Unter einem ganz besonderen Sternenhimmel

Versteckt im Ammerland, nur 40 Minuten von der Nordseeküste entfernt, liegt das Ressort **Baumgeflüster**. Vier Häuser aus reinem Lärchenholz verbergen sich zwischen 30 Meter hohen Bäumen, maximal vier Personen haben in einem Haus Platz.

Der Ort ist ein ganz besonderer, nämlich einer, der als **Dark Sky Place** ausgezeichnet ist. Heißt: Hier ist der Nachthimmel besonders dunkel, die Sterne funkeln dafür umso mehr.

In den Baumhäusern kann man die entweder von der Terrasse oder sogar vom Bett aus beobachten. In klaren, mondlosen Nächten lässt uns allein der funkelnde Sternenhimmel glauben, wir wären in Afrika.

Brannenweg 22, 26160 Bad Zwischenahn (Büroadresse; nicht der Standort der Baumhäuser) • +49 179 73 926 58 • www.baumgefluester.de

* * *

Übrigens: Es gibt sogar wissenschaftliche Erklärungen dafür, warum Baumhäuser auf viele von uns eine Faszination ausüben. Und zwar schon, bevor wir überhaupt

Baumgeflüster

darüber nachdenken können. Wer wollte als Kind nicht einmal zumindest still und heimlich ein Baumhaus erforschen?

Einerseits könnte das damit zusammenhängen, dass der Baum grundsätzlich ein Symbol für Stabilität und Schutz ist. Baumhäuser bieten zusätzlich hoch über dem Boden Schutz, zum Beispiel vor wilden Tieren. In Afrika macht so ein Baumhaus deshalb nicht nur aus Gründen von faszinierenden Farbspielen und beruhigenden Windgeräuschen Sinn – sondern tatsächlich auch, was die eigene Sicherheit angeht. Das haben schon die Urvölker erkannt. Was die Wälder Deutschlands angeht – nun ja, hier brauchen wir nicht unbedingt ein Baumhaus, um sicher zu übernachten. Aber das Afrikagefühl holen sie uns allemal in die Heimat. Weil die Blätter auch hier im Wind rascheln, weil genau dieselbe Sonne die Formen der Bäume überall im Raum tanzen lässt.

Wer Mitten in den Bäumen auch noch auf feste Wände verzichten will, kann auch in einem hängenden Zelt übernachten. Zum Beispiel im Allgäu (www.pfronten.de/himmelszelt) oder im Saarland (www.cloefhaenger.com). Weitblick auf die Alpen bzw. die Moselschleife ist inklusive.

AUF AUGENHÖHE MIT *Robben und Seehunden*

Das Gefühl einer Kap-Expedition an der Nordsee

BUNDESLAND
Schleswig-Holstein

JAHRESZEIT
Ganzjährig

Wie nah Mensch und Tier zusammenleben können – dafür gibt es ein paar wirklich schöne Beispiele. Und mit *nah* meine ich nicht in derselben Region. Mit *nah* meine ich die wirklich unmittelbare Nähe.

Ein Beispiel, das oft für Ungläubigkeit sorgt, ist eine Kolonie mit 2.500 Pinguinen. Die leben nicht etwa in der Antarktis oder an irgendeinem einsamen Strand in den südlichsten oder nördlichsten Breitengraden, sondern rund 40 Kilometer südlich von Kapstadt. Zwischen einer der größten Südafrikanischen Städte und dem weltbekannten Kap der guten Hoffnung. Während Anwohner Pinguine sogar immer öfter beim Flanieren durch die bunten Häuserreihen oder in ihren Gärten beobachten können, rauben sie Besuchern vor Ungläubigkeit den Atem.

Wann immer wir der wilden Tierwelt so nahe kommen dürfen, ist das ein besonderer Moment. Und den können wir auch in Deutschland erleben: Was für Kapstadt die Pinguine sind, sind für **Helgoland** die Robben.

Zu Spitzenzeiten tummeln sich mehr als 1.000 Robben und Seehunde gleichzeitig auf der **Helgoland-Düne** in der Nordsee. In ein paar Monaten im Jahr spielt sich dort ein ganz besonderes Naturschauspiel ab: Zwischen Mai und Juli bringen die Seehunde ihre Jungen zu Welt, Kegelrobben etwas später im Dezember und Januar. Die gut geschützte Helgoländer Düne und die Sandbänke im Wattenmeer sind dafür wie gemacht. Naturschützer und Ranger setzen sich dafür ein, dass Seehunde und Regelrobben gut in nächster Nähe zu uns Menschen leben können. Denn so nah wie auf Helgoland kommen wir den Tieren selten – gleichzeitig sind die Abstände groß genug und die Tiere an ihren Lebensraum nahe der Zivilisation gewöhnt.

Damit sich Robben und Seehunde nicht gestört fühlen, sollten wir unbedingt ein paar Verhaltensregeln beachten: Dazu gehört ein Abstand von mindestens 30 Metern zu den Robben. Davon abgesehen ist es wichtig, den Tieren nie den Zugang zum Wasser abzuschneiden. Einen größeren Bogen sollten wir um Mütter mit ihren Jungtieren ziehen, außerdem um Bullen, die sich gerade mit ihren Artgenossen messen.
In aller Ausführlichkeit finden wir die Regeln auf der offiziellen Seite der Insel im Bereich »Freizeit gestalten«:

- www.helgoland.de/freizeit-gestalten/naturerlebnisse/kegelrobben-und-seehunde-auf-helgoland

Auf der Helgoland-Düne – diese vorgelagerte Insel ist von Helgoland aus mit der Fähre zu erreichen – gibt es verschiedene **Aussichtspunkte**, von denen wir den besten

Blick auf die Robben- und Seehunde-Kolonien haben: Auf dem Dünenkamm am Nordstrand verläuft ein Panoramaweg mit mehreren Aussichtspunkten. Am Südstrand können wir die Tiere sogar auf Augenhöhe beobachten.

Wer die ganze Insel erkunden will, kann die Aussichtspunkte mit einer **Wanderung** verbinden.

Ein guter Startpunkt ist am Anleger der Fähre, weiter geht es über den Südstrand zum Jonnys Hill, einem Aussichtshügel im Herzen der Düne. Der Aussichtspunkt Nord-Ost liefert einen guten Blick auf die Kegelrobben, Auge in Auge. Der Holzbohlenweg auf dem Dünenkamm des Nordstrands bietet hingegen schöne Perspektiven hinunter auf den Strand. Mit einem Fernglas können wir von dort aus, je nach Jahreszeit, die Aufzucht der Jungtiere oder die Kämpfe der Bullen beobachten.

Gut zu wissen

Je nach Jahreszeit und Wasserstand kann es sein, dass verschiedene Wegabschnitte zum Schutz der Tiere, aber auch der Besucher gesperrt sind. Bei der Tourist Information können wir uns informieren, wo sich die Robben gerade am besten beobachten lassen.

- Lung Wai 27, 27498 Helgoland • +49 4725 / 80 88 08 • www.helgoland.de • Der Verein Jordsand bietet jeden Morgen (außer montags) Führungen an. Tickets gibt es in der Hummerbude 35 auf der Hauptinsel.

IN VIER TAGEN *durch Afrika*

Faszinierende Kulturen, exotisches Essen und traditionsreiches Handwerk erleben

BUNDESLAND
Bayern

JAHRESZEIT
Sommer

Wenn sich die Mainwiesen in Würzburg anfühlen wie das Ufer eines afrikanischen Flusses – und der Main selbst viel mehr der Limpopo, der Sambesi oder der Okavango sein könnte als ein Fluss in Unterfranken. Wenn sich die Sonne auf der Haut heißer anfühlt, die Insekten abends lauter zu zirpen scheinen und die Lebensfreude umso größer ist. Dann findet auf den Mainwiesen das **Africa Festival** statt.

Glauben wir unserem Gefühl, dann ist Würzburg an diesen Tagen deutlich weiter entfernt als jedes einzelne afrikanische Land. Und genau das ist die Mission, der die Macher des Festivals schon seit über 30 Jahren folgen.

1989 hat das Africa Festival in Würzburg zum ersten Mal in deutlich kleinerer Runde stattgefunden. Afrikanische Musik hat rund 600 Menschen angezogen – ein erster Erfolg, denn das Würzburger Afro Projekt, eine Arbeitsgemeinschaft zur Förderung afrikanischer Kultur in Deutschland, wollte damit ein Zeichen für die Vielfalt Afrikas setzen, ein Kennenlernen der Kulturen ermöglichen.

Über die Jahrzehnte ist das Festival gewachsen, die Gemeinschaft größer geworden, die Stimme lauter und das Lebensgefühl stärker. Heute ist das Africa Festival das größte und älteste Festival für afrikanische Musik und Kultur in Europa. Nirgendwo sonst wird man dem Lebensgefühl der afrikanischen Kulturen so nahe kommen – außer in Afrika selbst, versteht sich.

Vier Tage lang klingen die Mainwiesen nach Afrika. 7.500 Musiker und Künstler aus ganz Afrika verbreiten viel mehr als ihre Klänge, sie verbreiten ihre Kulturen, ihr Lebensgefühl.

Neben der Musik, und die ist der Schwerpunkt, steckt noch aber mehr im Africa Festival.

Es geht um Rituale, Bräuche, Zeremonien des afrikanischen Kontinents, die immer rarer werden. Auf den Mainwiesen bekommt all das eine Plattform – während Musiker die Töne Afrikas über den Main schicken.

Es gibt authentisches Essen, Schmuck, Kleider, Schnitzereien. Alles, was nötig ist, um den Einblick und das Gefühl für die Kulturen Afrikas zu verbessern. Dazu gehören auch die schwierigen Seiten des Kontinents: Aufklärungsarbeit ist ebenfalls Teil des Africa Festivals. Probleme bekommen eine Plattform, im selben Zug geht es um Lösungsideen und Möglichkeiten zur Unterstützung.

Kurzum: Es geht um alles, was Afrika bewegt. Am Main in Würzburg, der sich in dieser Atmosphäre in den Sambesi, den Limpopo oder den Okavango verwandelt.

Gut zu wissen

Das Africa Festival findet an insgesamt vier Tagen statt – in der Regel an einem Wochenende zwischen Mai und Juni.

Wer mit dem Auto anreist, fährt Richtung Stadtmitte und folgt dann den Wegweisern zum Festival. Vom Hauptbahnhof sind die Mainweisen gut mit der Straßenbahn zu erreichen. Die Linien 2 und 4 fahren alle zehn bis 15 Minuten.
Die genauen Termine und das Musikprogramm gibt's auf der Webseite des Festivals. Wer abends eines der großen Konzerte besuchen will, reserviert die Tickets am besten schon vorher.

- Mainaustraße 1, 97082 Würzburg (das ist ausschließlich die Adresse des Festivalgeländes, das Büro des Veranstalters, Afro Project e.V., befindet sich in der Eisenmannstraße 5, 97074 Würzburg) • +49 931 /150 60 • www.africafestival.org

DISTELHÄUSER
INTERNATIONAL AFRO MUSIC FESTIVAL

WILDE Wege

Offroad-Trip zwischen Schlamm und Schlaglöchern

BUNDESLÄNDER
Fast alle Bundesländer

JAHRESZEIT
Ganzjährig

»Off all the paths you take in life, make sure a few of them are dirt.«

Diese Ansicht hat schon vor über einhundert Jahren der schottisch-amerikanische Entdecker, Naturphilosoph und Schriftsteller John Muir mit seinen Mitmenschen geteilt.

Dass unter all den Wegen, die wir im Leben einschlagen, definitiv ein paar Nebenstraßen – ja, sogar ein paar Pisten – sein sollten, meinte John Muir wahrscheinlich vor allem auf philosophischer Ebene. War der Großteil der Wege zu seiner Lebzeit schließlich sowieso einer, den wir heute als Piste bezeichnen würden.

John Muirs Einstellung können wir aber nicht nur im übertragenen, sondern auch im wörtlichen Sinne ernst nehmen. Denn viele Abenteuer fangen erst dann an, wenn feste Straßen zu Ende sind.

Weil wir auf Wegen, die sich in die Wildnis fügen, anstatt sie zu zerschneiden, langsamer unterwegs sind. Weil wir die Naturgewalten zu spüren bekommen, wenn Überschwemmungen Straßenabschnitte unpassierbar machen und im Winter niemand Schnee räumt.

Seit ich zum ersten Mal recht verspannt hinter dem Lenkrad saß, konzentriert tiefen Schlaglöchern und großen Steinbrocken ausgewichen bin, während der Blick in den Rückspiegel nicht mehr preisgegeben hat außer eine dichte Wolke aus Staub, schleicht sich heute ein Abenteuergefühl ein, sobald ich mit einem Auto von einer festen auf eine Schotterstraße abbiege. Und weiter auf eine Piste, die nicht mehr ist, als das, was wir in Deutschland als Wanderweg bezeichnen würden.

Im Hinterland afrikanischer Länder passiert das besonders schnell: dass man einmal von einer Hauptstraße abbiegt und nicht so schnell auf eine zurückkommt. Abenteuer-Dauermodus. Auch, wenn das bedeutet, dass wir für zehn Kilometer nicht selten eine Stunde hinter dem Steuer sitzen.

Abgesehen von einer Schotterstraße, die uns die letzten Kilometer zu einem Wanderparkplatz bringt, oder ein paar Nebenstraßen durch Waldgebiete, hat Deutschland keine Straßen, die wir in John Muirs Sinne entdecken können. Vor allem nicht, wenn wir uns freilich nur auf solchen fortbewegen, auf denen wir mit unseren Fahrzeugen erlaubt sind.

Denn das ist ein wichtiger Punkt: Hier geht es nicht darum, Wege entlangzubrettern, die nicht für Autos, Motorräder und Co. gedacht sind – geschweige denn quer durch die Prärie zu kurven.

Wer sich trotzdem für einen Moment fühlen will wie in einem Schlagloch-Labyrinth in Afrika, oder für ein solches üben will, der kann das dennoch in Deutschland tun: in einem ausgewiesenen Offroad-Park.

Diese Parks sind Privatgelände, auf denen verschiedene Strecken teils durch Sand, durch Wasserlöcher und auf Waldböden auf- und abführen. Oft bieten Fahrlehrer Kurse zum richtigen und sicheren Offroad-Fahren an. Sei es mit dem eigenen Wagen oder einem Leihgerät.

Niedersachsen

Europas größter Offroad-Freizeitpark

Früher gehörte das Gelände des **Fursten Forest** der Bundeswehr, heute können wir in Europas größtem Offroadpark unsere Fähigkeiten für Fahrten unter harten Bedingungen verbessern.

Die anspruchsvollen Strecken durch Schlamm, Wasser und Sand sind nur mit einem Allrad-Fahrzeug zu bewältigen – entweder mit dem eigenen oder bei einer geführten Tour des Parks.

Fursten Forest liegt auf halber Strecke zwischen Osnabrück und der Niederländischen Grenze. Für alle, die nach einer Offroad-Tour tiefer in das Afrika-Erlebnis eintauchen wollen, gibt es vor Ort einen Campingplatz.

Pommernstraße 12, 49584 Fürstenau • +49 5901 / 961 62 50 • www.furstenforest.de

Brandenburg

Fahrtraining für alle Fälle

Wie komme ich Steigungen rauf und runter? Wie durchquere ich tiefe Flüsse – und große Sandbecken? Auf dem rund 550 Hektar großen Gelände des **DEKRA Lausitzring** zwischen Cottbus und Dresden gibt es keinen Untergrund, keine Herausforderung, die es nicht gibt. Mit dem Fahrtraining sind wir für alles gewappnet. Wer kein eigenes Fahrzeug hat, kann hier eines mieten.

Lausitzallee 1, 01998 Schipkau • +49 35754 / 337 33 • www.dekra-lausitzring.de

Gut zu wissen

Offroad-Parks gibt es fast in allen deutschen Bundesländern. Fahrtrainings oder zumindest eine Einführung durch einen Experten werden in den meisten Parks angeboten – auch geeignete Fahrzeuge können sich Besucher meistens ausleihen. Eine gute Übersicht aller deutschen Offroad-Parks gibt's online: www.bergetools.com.

DEM LUCHS *auf der Spur*

Mit einem Ranger auf Erkundungstour durch den Nationalpark

BUNDESLÄNDER
Niedersachsen, Sachsen-Anhalt

JAHRESZEIT
Ganzjährig

Während wir uns vorsichtig auf dem schmalen Pfad durch das Gebüsch schlagen, hören wir auf jedes Knacken im Geäst, jedes Rascheln im Laub, jedes Knarzen in den Baumkronen. Um meinen Hals hängt ein Fernglas, vor mir schleicht der Ranger.

Tiere aufzuspüren und mit hohem Puls hinter einem dürren Busch zu kauern – das ist zwar die Königsdisziplin, längst aber nicht alles, was diese Wandersafaris im afrikanischen Busch so besonders macht.

Vielmehr zählt das Gefühl, sich langsam durch die Natur zu bewegen. Ohne irgendwelche Hilfsmittel, ohne Motor, aber auch ohne Schutz.

Nicht oft habe ich mich so sehr Teil dieser Welt gefühlt wie in den Stunden zu Fuß auf Safari, als ich wachsam und mit allen Sinnen die Natur um mich herum abgesucht habe.

Umso glücklicher macht es mich, dass wir für dieses Gefühl nicht immer nach Afrika reisen müssen. Denn mit Fernglas, Ranger und der Stille auf der Zunge können wir durch heimische Wälder streifen. Mit etwas Glück gelingen uns hier ebenso aufregende Tierbeobachtungen – und wenn ich damit auch nicht von Leoparden, Löwen und Co. spreche, so ist im **Nationalpark Harz** neben Hirschen und Wildschweinen die Chance gegeben, einer anderen Raubkatze zu begegnen: dem Luchs.

Der Luchs hat im Harz eine lange Geschichte: 1818 ist nach einer zweiwöchigen Jagd der letzte wilde Luchs geschossen worden. An die 200 Jäger und Treiber waren damals im Einsatz. 182 Jahre hat es daraufhin gedauert, bis erstmals wieder Luchse ausgewildert wurden. Drei Tiere waren das, im Jahr 2000. In den kommenden Jahren wurden insgesamt 24 Luchse im Harz freigelassen, Jahr für Jahr kamen Jungtiere auf die Welt. Seitdem erholt sich die Harzer Luchs-Population gut.

Die genaue Zahl ist zwar schwer zu schätzen, die Förster und Naturschützer gehen davon aus, dass es mittlerweile rund 55 Luchse gibt, die selbstständig ohne Muttertier im Nationalpark unterwegs sind. Hinzu kommen ungefähr 35 Jungtiere. 90 Luchse also, die sich mit der Bevölkerung gut vertragen – mit den Wanderern sowieso, denn die kommen ja oft extra für das Safarigefühl.

Tagelang können wir uns im Harz verlieren, können durch dichte Laub- und Nadelwälder wandern, zwischen Felsbrocken oder an Klippen entlang. Über 800 Kilometer Wanderwege ziehen sich durch den Nationalpark. Mit etwas Glück geling die eine oder andere Tierbeobachtung. Auch, wenn der Luchs ein sehr scheuer Zeitgenosse ist. In der Regel ist er wieder verschwunden, bevor wir ihr überhaupt wahrnehmen konnten.

Wer die Chancen auf Tiersichtungen erhöhen und das Safarigefühl vergrößern will, der kann gemeinsam mit einem erfahrenen Ranger durch den Nationalpark Harz streifen.

Die Rabenklippe im Nationalpark Harz

Gut zu wissen

Öffentliche Rangertouren starten jede Woche zwischen Januar und Oktober an der **Rangerstation Harzburg**. Es gibt aber auch die Möglichkeit, individuelle Ausflüge mit den Nationalpark-Rangern zu unternehmen. Henning Möller, der Nationalparkwachtleiter, nimmt Anfragen telefonisch entgegen.
- +49 170 / 570 90 22

Einen Kalender, in dem alle öffentlichen Touren eingetragen sind, finden wir auf der offiziellen Seite des Nationalparks. Dazu den Menüpunkt »Natur erleben« auswählen und weiter auf »Mit dem Ranger unterwegs«.
- www.nationalpark-harz.de

Auch gibt es im Nationalpark größere Ruhezonen, die durch den Rückbau und Umbau der Wanderwege entstanden sind. In diesen sicheren Rückzugsorten halten sich die heimischen Wildtiere gerne auf. Für Safari-Anfänger sind Sichtungen dort wahrscheinlicher als auf einer Wanderung ohne Ranger.

In zwei dieser Ruhezonen stehen Wildtier-Beobachtungsstationen, in denen wir uns mit dem Fernglas stundenlang auf die Lauer legen können.

Wildtier-Beobachtungsstation Molkenhaus

Startpunkt des Spaziergangs zur Beobachtungsstation ist die die Nationalpark-Waldgaststätte Molkenhaus bei Bad Harzburg. Von dort aus führt ein schmaler Pfad zur Wildtier-Beobachtungstation – die Station ist vom 1. Mai bis 30. September geöffnet. Hunde dürfen zum Schutz der Wildtiere nicht mitgebracht werden. Achtung: Die Gaststätte ist dauerhaft geschlossen – am besten also Verpflegung mitnehmen.
- Molkenhaus 1, 38667 Bad Harzburg

Wildtier-Beobachtungsstation Odertal

Die Wildtier-Beobachtungsstation **Odertal** liegt auf halber Strecke zwischen dem Sankt Andreasberger Ortsteil Oderhaus und der Nationalpark-Waldgaststätte Rinderstall. Die Station ist barrierefrei erreichbar und ebenerdig zugänglich. Zu ihr führt eine rund eineinhalb Kilometer lange Wanderung. Startpunkt ist der Parkplatz Oderhaus am Abzweig von der B 27 nach Sankt Andreasberg. Koordinaten: N 51.696658, E 10.566350.

Zur Wildtier-Beobachtungsstation Odertal werden auch geführte Wanderungen angeboten – mehr Infos dazu gibt's telefonisch bei der Rangerstation Königskrug.
- +49 5520 / 92 30 39

Auf der Suche nach Wandertouren im Harz? Auf der Webseite des Nationalparks gibt es unter dem Menüpunkt »Natur erleben« eine Übersichtskarte schöner Routen.
- www.nationalpark-harz.de/de/natur-erleben/wandern/wandern_uebersichtskarte

7
Inselhopping wie im Golf von Thailand

8
Im rosaroten Blütenmeer tausender japanischer Kirschbäume

9
Durch die Straßen von Little Tokyo ziehen

10
Eine Nacht wie in der mongolischen Steppe

11
Spaziergang durch einen exotischen Wald

12
Zwischen Türmen und Tafelbergen wie im chinesischen Hunan

13
Mit Tausenden Hindus ein indisches Tempelfest feiern

14
Sich durch die engste Gasse der Welt zwängen

15
Unterschiedliche Welten und atemberaubende Aussichten wie in Tiflis erkunden

16
Durch eine Landschaft wie in Nepal schlendern

17
Den Sonnenuntergang wie in Asien auf dem Wasser erleben

Asien

MIT DEM KAJAK *in die Freiheit*

Inselhopping wie im Golf von Thailand

BUNDESLAND
Mecklenburg-Vorpommern

JAHRESZEITEN
Frühjahr, Sommer, Herbst

Das Boot schaukelt gleichmäßig zwischen den kleinen Wellen, die mit einem leisen *Pflatsch, Pflatsch, Pflatsch* gegen die Seite meines knallroten Kajaks spülen.

Nachdem ich mich, zugegebenermaßen recht wackelig, auf dem kleinen Plastiksitz niedergelassen habe, habe ich das Paddel erst rechts, dann links, dann rechts, dann wieder links ins Wasser gestoßen. Ich war zuvor öfter mit einem Ruderboot auf Seen und Flüssen unterwegs, nie mit einem Kajak auf dem offenen Meer. Das aber ist ruhig, ohne gefährliche Strömungen, das nächste Ufer nie zu weit entfernt.

Also paddle ich weiter, so lange, bis meine Arme eine Pause einfordern. Dann senke ich das Paddel auf einer Seite ins Wasser, bis ich mich einmal um meine eigene Achse gedreht habe.

Alles, was ich sehe, ist die glasklare Meeresoberfläche und Dutzende kleine Inseln überall um mich herum.

Alles, was ich höre, ist das *Pflatsch* der Wellen, die mein Kajak treffen.

Alles, was ich rieche, ist das Salz in der Luft und die Sonnencreme auf meiner Haut.

Während ich diese Zeilen schreibe, sind seit diesem Moment fast acht Jahre vergangen. Es ist eine meiner stärksten Erinnerungen, die ich von meiner allerersten Fernreise gespeichert habe. Sehr oft habe ich schon darüber nachgedacht, was diesen Moment so besonders gemacht hat. Und das war nicht die Fernreise, denn vor diesem Tag im Kajak habe ich in Thailand schon vier Wochen lang Erinnerungen geschrieben und Momente gesammelt. Vielmehr ist dieser Moment mit der großen Freiheit gewachsen.

Wenn wir auf dem Meer treiben, umgeben von nichts als Wasser, dann fühlen wir uns eigenartig klein und groß zugleich. Die Inseln am Horizont lassen uns zu Entdeckern werden, allein schon, weil wir an abgelegenen Stränden anlegen können, die wir ohne Boot nicht erreichen können.

Dieses Gefühl, diese Inseln vor Augen, die Brise in der Luft, können wir auch in Deutschland erleben. Auf **Rügen**, zum Beispiel.

Ein Expeditionsziel für Anfänger

An dieser Stelle sei erwähnt, dass sich Nichtschwimmer definitiv in kein Kajak setzen sollten – auch nicht mit Schwimmweste. Und das ist kein lustig gemeinter Hinweis, denn tatsächlich passieren regelmäßig Unglücke, die besser ausgegangen wären, hätte der Paddler schwimmen können. Doch auch, wer schwimmen kann, sollte im Kajak vorsichtig sein, vor allem auf fließenden Gewässern und offener See. Seekajaken ist anspruchsvoll und ohne entsprechendes Wissen gefährlich.

Rügen aber ist wegen den vielen, ruhigen Boddenlandschaften in Küstennähe ein gutes Expeditionsziel auch für

Die Küste Rügens beim Ostseebad Sellin

Kajakanfänger. Bei kurzen Etappen oder sogar Mehrtagestouren erreichen Paddler hier unberührte Strände und eine völlig neue Perspektive auf geschützte Uferabschnitte.

In der Region **Fischland-Darß-Zingst** geht es beispielsweise immer an der Küste entlang, vorbei an einem der ältesten Leuchttürme der deutschen Ostseeküste. Darßer Ort heißt der, und von oben aus können wir bei guter Sicht nicht nur über den Darßwald und die Ostsee blicken – sondern sogar bis nach Hiddensee und zur Kreideküste der dänischen Insel Møn.

Paddeln in Naturschutzgebieten

Der Nationalpark Vorpommersche Boddenlandschaft ist der größte Meeresnationalpark an der deutschen Ostseeküste. Manche Gebiete sind zum Schutz der Küsten- und Seevögel grundsätzlich für Wassersport gesperrt. So beispielsweise auch ein Abschnitt rund um den Leuchtturm Darßer Ort. Hingegen gut befahr ist der Bereich bis knapp zehn Kilometer östlich von Zingst sowie die Strecke zwischen Zingst und Prerow. Eine interaktive Übersichtskarte aller Schutzzonen gibt es auf der offiziellen Nationalpark-Webseite. Dazu dem Menüpunkt »Erleben & Erholen« folgen, in der interaktiven Karte dann per Häkchen-Setzen die Infos auswählen, die gefragt sind.

- www.nationalpark-vorpommersche-boddenlandschaft.de

Lernen und leihen

Wassersportschulen und -verleihzentren gibt es auf Rügen rings um die Insel. Sie verleihen nicht nur die nötige Ausrüstung, sondern bieten auch Kurse und geführte Touren an.
In der Region Fischland-Darß-Zingst verleiht zum Beispiel **Kajakverleih Gottschalk** hochwertige Ausrüstung – die Mitarbeiter haben außerdem viele Ratschläge und Kartenmaterial für die richtige Tour parat.

- Ernst-Thälmann-Straße 39, 18347 Wustrow • +49 172 183 81 89 • www.kajakverleih-gottschalk.de

Geführte Einsteigertouren durch die Nationalparkregion der Vorpommerschen Boddenlandschaft bietet **Darßtour** an.

- Buchenstraße 11A, 18375 Prerow • +49 178 188 66 80 • www.darsstour.de

Die **Wassersportschule Rügen Piraten** im Norden der Insel bietet sowohl Kurse an, verleiht aber auch Ausrüstung an alle, die alleine auf Tour gehen wollen.

- Am Ufer 14, 18556 Dranske • +49 38391 / 898 98 • www.ruegen-piraten.de

Inselhopping und Mehrtagestouren

Wer ein Panorama sucht, durch das am Horizont kleine und große Inseln schwimmen, der ist an der Westküste Rügens richtig. Von dort aus bietet sich sogar ein Inselhopping mit dem Kajak an – zum Beispiel von Ummanz nach Schaprode und Hiddensee.

Auf dieser Mehrtagestour ist es Paddlern an verschiedenen Orten erlaubt, für eine Nacht ihr Zelt aufzuschlagen. Zum Beispiel am **Seglerhafen Lange Ort** nördlich von Vitte (Koordinaten: N 54.571921, E 13.109047) oder am **Seglerhafen in Neuendorf** (Koordinaten: N 54.523752, E 13.092016).

Und wer hier in einem Kajak auf dem Wasser zwischen deutschen Inseln und dänischen Kreideküsten das Paddel so oft auf einer Seite ins Wasser stößt, dass er sich einmal um die eigene Achse dreht – der sieht nichts anderes als Wasser und Inseln, der hört nichts anderes als das leise *Pflatsch* der Wellen und der riecht nichts anderes als Salz in der Luft und Sonnencreme auf der Haut.

DIE FÜNFTE JAHRESZEIT *heißt O-Hanami*

Im rosaroten Blütenmeer tausender japanischer Kirschbäume

BUNDESLÄNDER
Baden-Württemberg, Bayern, Berlin

JAHRESZEIT
Frühjahr

Die Welt durch eine rosarote Brille sehen?

Diese Aussage hat für mich eine völlig neue Bedeutung bekommen. Und die hat nichts mit Verliebtheit oder gar Naivität zu tun, sondern mit etwas ganz anderem: **Sakura**. Der japanischen Kirschblüte.

Wenn sich die kleinen, rosa Blüten im Frühjahr öffnen, zieht sich dieses Ereignis Tag für Tag wie eine Welle an Freude durch Japan. Weil das Klima vom südlichsten bis zum nördlichsten Punkt der Insel sehr unterschiedlich ist, öffnet sich die letzte Kirschblüte erst Wochen nach der ersten. Wann und wo genau Sakura ihre Höhepunkte erreichen wird, wird in Japan täglich und live von den Medien begleitet.

Für die Japaner bedeutet Sakura viel mehr als der Beginn des Frühlings – die Zeit der Kirschblütenfeste ist Tradition, Brauchtum. Für die Japaner sogar die fünfte Jahreszeit. *O-Hanami.*

Und ich, ich muss zugeben, ich bin zwischen diesen tausenden rosaroten Kirschbäumen eher zufällig gelandet.

Als Felix und ich unserer Weltreise im Frühjahr 2016 ein Enddatum verpassten, waren wir gerade in Neuseeland. Wir waren bereit, wieder nach Hause zurückzukehren. Und wenn man von Neuseeland nach Deutschland reisen will, dann liegt fast die ganze Welt auf dem Weg. Ein Zwischenstopp ist fast obligatorisch. Aus Sicht der Luftfahrt sowieso, aber auch aus der eines Reisenden.

Für Japan gab es genug gute Gründe, Sakura war keiner, der eine Rolle spielte. Weder Felix noch ich konnten uns vorstellen, dass das ein Erlebnis sein könnte, das hängenbleibt. Aber das war es – denn wenn alles, was wir um uns herum sehen, rosa ist, dann können wir gar nicht anders, als uns vor Staunen immer wieder im Kreis zu drehen.

Das passiert, wenn wir in einem japanischen Park stehen. Das passiert aber auch, wenn wir uns zwischen tausenden Blüten in Deutschland drehen. Denn obwohl Sakura und O-Hanami in unserem Wortschatz nicht vorkommen, so tun es die Blüten sehr wohl in unserer Vegetation.

Bayern
Die Fränkische Schweiz als Blütenmeer

Mit etwa 200.000 Kirschbäumen verteilt auf 2.500 Hektar Anbaufläche zählt die **Fränkische Schweiz** zu den größten geschlossenen Kirschanbaugebieten in Deutschland. Der Frühling verwandelt die gesamte Region in ein riesiges, weißes Blütenmeer.

Wer beispielsweise den **Pretzfelder Kirschenlehrpfad** entlangwandert, hat zehn Kilometer lang fast nichts als Blüten vor Augen und ihren Duft in der Nase. Startpunkt für diese Wanderung ist die Kirche St. Kilian in Pretzfeld.

Die gesamte Route samt GPS-Koordinaten zum Download gibt's auf der offiziellen Seite der Region.

- www.fraenkische-schweiz.com/de/detail/id=5f13fdfed5e6be051d0a84af

In der Regel blühen die Kirschbäume in der Fränkischen Schweiz ab Mitte oder Ende April. Den besten Zeitpunkt verrät – genau wie in Japan – ein Online-Blütenbarometer.

- www.fraenkische-schweiz.com/bluetenbarometer

Baden-Württemberg

Ein weiß-rosa Schlossgarten

Der Schlossgarten in **Schwetzingen**, das liegt rund zehn Kilometer westlich von **Heidelberg**, verwandelt sich jedes Frühjahr in ein weiß-rosa-Blütenmeer. Bunter wird die Kulisse nur noch mit all den Picknickdecken, die unter den Kirschbäumen an schönen Tagen ausgebreitet werden.

Mit öffentlichen Verkehrsmitteln ist der Schlossgarten gut erreichbar: Vom Bahnhof Schwetzingen aus sind es nur rund zehn Minuten zu Fuß.

- Schloß Mittelbau, 68723 Schwetzingen • www.schloss-schwetzingen.de

Berlin

O-Hanami im Japanischen Garten

Im Japanischen Garten in den Berliner **Gärten der Welt** ist Japan spürbar – ganz grundsätzlich, während der fünften Jahreszeit umso mehr. Und das liegt sicher nicht nur

Rosa Blütenmeer im Schlossgarten Schwetzingen ▼

an den rosaroten Kirschblüten, die den Garten jedes Frühjahr in die perfekte Sakura-Kulisse verwandeln. Dass das Bild so stimmig ist, liegt sicher auch daran, dass dieser Garten im Rahmen der Städtepartnerschaft zwischen Berlin und der japanischen Hauptstadt Tokio entstanden ist.

Der Garten ist im originalen Baustil angelegt. Genau so, wie wir ihn auch in Japan finden würden. Das fängt schon beim Holztor an, durch das Besucher den Garten betreten: Das ist nämlich deutlich niedriger als bei uns üblich.

An schönen Tagen liegen auch hier überall unter den Bäumen Picknickdecken aus. Die privaten oder auch öffentlichen Feste gehören fix in die fünfte Jahreszeit. Auch im Japanischen Garten in Berlin findet deshalb jedes Jahr ein Kirschblütenfest statt. Der Termin ist von der jeweiligen Blühsaison abhängig und wird auf der offiziellen Website der Gärten der Welt bekannt gegeben.

Die Gärten der Welt sind am besten mit den öffentlichen Verkehrsmitteln zu erreichen, da rund um das Gelände nur wenige Parkplätze zur Verfügung stehen.

Blumberger Damm 44, 12685 Berlin (Haupteingang) • +49 30 / 700 90 67 20 • www.gaertenderwelt.de

Gut zu wissen

Ähnlich wie in Japan startet die Kirschblüte auch bei uns meistens Mitte April. Abhängig ist das natürlich von der Region und davon, wie kalt und lang der Winter ausgefallen ist. Die Knospen brauchen ein paar Tage, um sich vollständig zu öffnen. Nach ungefähr zehn Tagen verblühen sie schließlich wieder.

VON KARAOKE-BARS ZU *Manga-Cafés*

Durch die Straßen von Little Tokyo ziehen

BUNDESLAND
Nordrhein-Westfalen

JAHRESZEIT
Ganzjährig

Japanische Schriftzüge säumen die Geschäfte und Restaurants am Straßenrand, Japanerinnen und Japaner machen sich mit Aktentaschen unter dem Arm auf den Weg ins Büro. Der Bäcker verkauft grüne Matcha-Semmeln und welche, die mit gebratenen Nudeln gefüllt sind. Ein paar Meter weiter eine Karaoke-Bar.

Wer im Supermarkt einkaufen will und die japanische Schrift nicht lesen kann, dem bleibt nichts als Rätselraten. Gut, wenn kleine Bildchen auf der Verpackung grob auf den Inhalt schließen lassen. Der aber ist ohnehin ein fremder, denn alle Lebensmittel im Regal werden original in Asien hergestellt. Hier wird verkauft, was in Japan auf den Teller kommt.

Und das ist besonders. Weil wir gerade nicht durch eine von Tausenden Straßen in Tokio laufen, sondern durch die eine Straße in *Little Tokyo*. Das liegt in Deutschland, in Nordrhein-Westfalen. Mitten im Herzen der Landeshauptstadt **Düsseldorf**.

Unter Japanern – und davon leben in *Little Tokyo* mehr als 8.000 – wird Düsseldorf als die »deutsche Hauptstadt Japans« bezeichnet. Anfangen hat das mit einem japanischen Geschäftsmann, der sich hier vor 70 Jahren niedergelassen hat. Heute gibt es in ganz Düsseldorf mehr als 200 japanische Unternehmen.

Die Traditionen und Bräuche, die aber konzentrieren sich zwischen Hauptbahnhof und Stadtmitte. Und obwohl *Little Tokyo* andere Dimensionen aufweist als die 38-Millionen-Metropole in Japan, so könnte eine Reise im Kopf nicht besser gelingen.

Zwischen den 10.000 Mangas im Manga-Café, zwischen den japanischen Schriftzügen und den Japanern selbst, die in *Little Tokyo* irgendwo zwischen Deutschland und Japan zuhause sind, verbirgt sich eine Lebensweise, deren Gepflogenheiten jeder erkennt, der schon mal im echten Japan unterwegs war.

Arbeitskollegen verbeugen sich zur Begrüßung, Höflichkeit und Respekt steht an oberster Stelle. Das fängt dabei an, dass auf der Straße nicht laut geschnäuzt wird und hört beim Händchenhalten japanischer Pärchen auf. Das ist auf offener Straße nicht üblich. In Tokio nicht, in *Little Tokyo* auch nicht.

Auch in den Restaurants wird nicht nur traditionelles Essen serviert, sondern japanische Kultur gelebt. Gegessen wird in privaten Separees, an niedrigen Tischen, während wir auf dem Boden sitzen. Vorspeise und Hauptspeise kommen nicht getrennt, das Essen wird in unzähligen kleinen Schälchen serviert, alles auf einmal, dann wird geteilt.

Im **Manga-Café** in der Oststraße 137 ist die Atmosphäre ebenso original. Wer hier über die Türschwelle tritt, lässt Düsseldorf draußen und steht plötzlich vor über 10.000 Comicbuch-Heften. Für Japaner gehören die zum

Alltag wie für uns eine Zeitung, gelesen wird gerne privat. Auch hier gibt es mehrere Separees, in die sich die Besucher mit ihrem Lieblingsheft zurückziehen können. Gezahlt wird nicht nach Getränk, sondern nach Zeit.

Klingt ungewöhnlich?

In jeder anderen Straße in Düsseldorf wäre es das vielleicht auch, nicht aber in *Little Tokyo*.

Gut zu wissen

Japan konzentriert sich in Düsseldorf auf die Immermannstraße und ihre Nebenstraßen zwischen Hauptbahnhof und Stadtmitte. Neben japanischen Restaurants, Ramen-Imbissen, Bäckereien, Bars, Hotels und Supermärkten gibt es hier sogar eine japanische Schule, die rund 500 Kinder besuchen. Das beste Japan-Erlebnis haben die, die sich treiben lassen, sich Zeit nehmen und durch die einzelnen Läden und Restaurants schlendern.
Ein besonderer Tipp ist zum Beispiel auch die älteste japanische Buchhandlung Europas: **Takagi Books** liegt im Herzen *Little Tokyos*.

- Immermannstraße 31, 40210 Düsseldorf • +49 211 / 50 08 81 22 • www.takagi-books.de

Auf der Seite der Stadt Düsseldorf sind unter www.duesseldorf-tourismus.de weitere Tipps zur japanischen Kultur in der Landeshauptstadt zusammengefasst.

- www.duesseldorf-tourismus.de/erleben/essen-und-ausgehen/little-tokyo

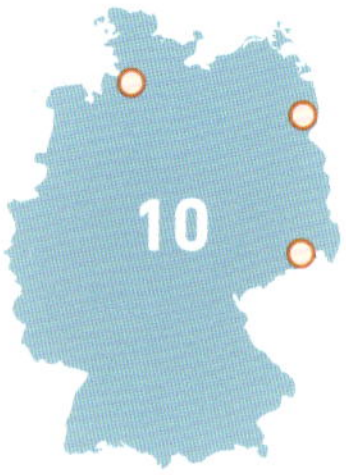

NOMADENTRADITION *in einer Jurte*

Eine Nacht wie in der mongolischen Steppe

BUNDESLÄNDER
Brandenburg, Sachsen, Niedersachsen

JAHRESZEIT
Ganzjährig

Wenn es um die Mongolei und die Mongolen geht, um ihre Traditionen und Lebensweisen, dann können sich die meisten von uns darunter wahrscheinlich recht wenig vorstellen. Außer vielleicht, dass ein Großteil der Mongolen als Nomaden in Jurten lebt.

Eine Jurte, das ist ein weißes, rundes Zelt, aus dem in der Mitte ein Schornstein ragt. Die Bilder solcher Jurten in der unendlich weiten Steppe hat man vielleicht schon mal gesehen.

So weit, so gut. Das war's dann oft auch schon, mit unseren Kenntnissen über das am dünnsten besiedelte Land der Welt und seine Bewohner. Wenn man mich fragt, sind sie wahre Überlebenskünstler. Das aber hab auch ich lange nicht gewusst. 2015 hat sich das geändert, als Felix und ich in unser bisher größtes Abenteuer gestartet sind: Wir haben den Westen der Mongolei völlig auf uns alleine gestellt zu Fuß durchquert. In unseren Rucksäcken alles, was man zum Überleben in einem Land braucht, in dem man nicht wissen kann, wann man wieder Menschen sehen wird.

Vor diesem Abenteuer war die Mongolei auch für mich ein weißer Fleck auf der Landkarte, außer Jurten und Nomaden fiel mir nicht viel dazu ein. Und selbst diese wirklich grobe Vorstellung hat nicht dem entsprochen, wie es wirklich ist. Der Fehler beginnt schon dort, wo wir glauben, dass die Jurte nur ein rundes Zelt ist.

Denn obwohl eine Jurte wie ein Zelt aus einem Gestell besteht, das mit Stoffen überzogen wird und auf- und wieder abgebaut werden kann, ist sie doch so viel mehr: Eine Jurte ist gestützt durch ein schweres Holzgestell, in der Mitte steht ein gusseiserner Ofen, dessen Rohr durch das Dach nach außen ragt. In dem Holzrahmen zum Rein- und Rausgehen sitzt eine bunt bemalte und verzierte Holztür, die Wände sind mit Teppichen geschmückt, auf dem Boden liegt Schafsfell. In den meisten Jurten gibt es richtige Möbel, Betten, Regale, Geschirr.

Das Nomadenleben in der Mongolei ist rudimentär. Wir waren in Jurten zu Gast, in denen die Eltern mit ihren neun Kindern gelebt haben. Zu elft in einem Raum ohne Wände, auf rund 30 Quadratmetern.

Die Stunden, die wir mit Nomadenfamilien in ihren Jurten verbracht haben, sind unvergesslich. Und ja, das liegt zuallererst an den Bewohnern selbst. Daran, dass sie uns haben eintauchen lassen in ihr Leben. Dass wir uns nur mit Zahlen und Zeichnungen im Sand des Jurtenbodens haben verständigen können. Dass uns die Mutter – ob wir wollten oder nicht – einen Haufen Schafsfett als Abendessen in den Stoß gelegt hat und wir schüsselweise vergorene Milch geschlürft haben.

Doch auch das Gefühl, das Raumgefühl, das eine Jurte mit ihrer über Hunderte von Jahren ausgeklügelten Bauweise vermittelt, das Raumgefühl, bei dem durch die weißen Stoffwände immer ein bisschen Licht durchscheint – das ist ein Erlebnis für sich. Und eines, das wir auch in Deutschland haben können.

Niedersachsen

Mongolische Traditionen im Alten Land

Das vielleicht authentischste Jurtenerlebnis in Deutschland verbirgt sich im Alten Land westlich von **Hamburg**. Dort hat ein mongolisch-deutsches Paar eine originale Jurte liebevoll und nach mongolischen Traditionen für Gäste hergerichtet. Genau, wie wir es auch in der Mongolei gesehen haben, stehen die vier Betten im Kreis entlang der Zeltwände, sind aus Holz und bunt mit traditionellen Mustern bemalt. Der Boden ist mit Teppichen ausgelegt, in der Mitte steht für kalte Nächte der Holzofen mit Feuerholz bereit. Eine Übernachtung für zwei Personen kostet 70 Euro, ab der zweiten Nacht 50 Euro.

Mühlenstraße 1, 21723 Hollern-Twielenfleth • +49 4141 / 40 39 30 • www.altlaender-ferienwohnung.de

Sachsen

Panoramablick in die Sächsische Schweiz

Am Hang gelegen, mit einem unverbauten Panorama auf die Hügellandschaft der **Sächsischen Schweiz**: Diese einzelne Jurte, die über das Vermittlungsportal AirBnB angeboten wird, liegt mitten in der Natur – sogar der Parkplatz ist rund 200 Meter entfernt. Dafür können wir nachts die Grillen zirpen hören. Bis zu fünf Gäste haben in der Jurte Platz, es gilt ein Mindestaufenthalt von zwei bis vier Nächten (je nach Saison). Ab 95 Euro pro Nacht für zwei Personen. Auf AirBnB ist dem Inserat die Nummer 38152743 zugeordnet.

www.airbnb.de/rooms/38152743?s=67&unique_share_id=5a197d5e-6328-4dfc-9929-41f5584afec4

Brandenburg

Originale Möbel, echte Natur

Die Jurte am Waldrand in der **Uckermark** ist nicht nur mit original mongolischen Möbeln ausgestattet – sondern bietet auch das elementare Naturerlebnis, wie es dem der Nomaden in der Mongolei am nächsten kommt. Toilette, Waschbecken und Dusche sind draußen, außerdem gibt es auf dem Gelände einen kleinen See. In der Jurte haben bis zu vier Gäste Platz, es gilt ein Mindestaufenthalt von zwei Nächten. Ab 69 Euro pro Nacht für zwei Personen.

Auf AirBnB ist dem Inserat die Nummer 41929368 zugeordnet.

www.airbnb.de/rooms/41929368?s=67&unique_share_id=5a43e5dc-4faf-4581-944a-1dab4e80c508

Und während wir in einer dieser Jurten abends auf dem Boden sitzen oder nachts im Bett liegen, stelle man sich den Geruch von Schafsfleisch vor, der nicht nur in der Luft, sondern auch im Stoff der Zeltwände hängt. Man stelle sich vor, wie saure Milch riecht und Stroh, das in manchen Jurten als Sitzgelegenheit dient. Man stelle sich vor, wie sich rings um die Jurte unendliche Weite erstreckt, eine nicht enden wollende Steppe, die im Süden in die Wüste Gobi übergeht, im Westen und Norden die kilometerhohen Gipfel des Altaigebirges.

Wenn wir uns das vorstellen und die Augen wieder öffnen – dann bleibt dieses Gefühl sogar noch für einen Moment auch dann, wenn unsere Jurte nicht in der mongolischen Steppe, sondern auf Deutschem Boden steht. Weil die Wände der Jurte dieses Gefühl fest umschließen.

UMGEBEN VON *Affen*

Spaziergang durch einen exotischen Wald

BUNDESLAND
Baden-Württemberg

JAHRESZEITEN
Frühjahr, Sommer, Herbst

Es gibt kaum etwas, dem ich so lange zuschauen kann, bei dem ich so maßlos die Zeit vergesse, wie bei Affen. Und es gibt keine meiner fünf Reisen nach Südostasien, bei der ich das nicht getan habe.

Ich bin fasziniert von den kleinen Tieren, die uns Menschen in ihrem Verhalten so ähnlich sind, die so frech, clever und gleichzeitig liebevoll sind.

In Malaysia haben sie mir bei der Besichtigung eines Tempels an den Haaren gezogen, weil ich sie nicht gefüttert habe. In Thailand haben sie mit lautem Poltern auf dem Wellblechdach meines Bungalows getanzt und sich durch ein offenes Fenster zu einer Kekspackung geschlichen, als ich das noch für zu frech und unmöglich gehalten habe. (Ja, ich weiß. Zu meiner Verteidigung muss ich sagen, dass das meine erste Fernreise war.)

Asien und Affen – das gehört irgendwie zusammen.

Auch **Salem** und Affen gehört zusammen.

Wobei der Zusammenhang von Primaten und einer Gemeinde im Bodenseekreis wahrscheinlich deutlich ungewöhnlicher wirkt. Aber nur, bis wir auf dem Affenberg in Salem zu Besuch waren. Dann nämlich macht der Zusammenhang Sinn.

Der **Affenberg** ist ein 20 Hektar großes Waldgrundstück und das Zuhause von rund 200 Berberaffen. Innerhalb des Grundstücks sind die Affen nicht in Gehegen eingezäunt, sondern können sich frei und wild bewegen, schwingen sich von Ast zu Ast im dichten Wald, tollen und toben, kreischen und gackern.

Die Erlebnisse für Besucher unterscheiden sich nicht von denen in Asien, wenn sich Affen von Ast zu Ast hangeln. Oder auch in Marokko und Algerien. Denn dort sind die Berberaffen in den Gebirgsregionen auf bis zu 2.000 Metern Höhe zuhause.

Allerdings schrumpft ihr Bestand immer mehr. Weltweit gibt es weniger als 8.000 freilebende Individuen. Die Berberaffen stehen deshalb sogar auf der Roten Liste gefährdeter Tierarten.

Der Affenberg Salem ist ein Ort, der sich das Überleben der Art zur Aufgabe gemacht hat. Er übernimmt die Funktion einer Arche Noah. Und weil das milde Bodenseeklima dem in den Gebirgsregionen im nördlichen Afrika ähnelt, fühlen sich die Berberaffen dort wie zuhause. Ihr Verhalten unterscheidet sich kaum von ihren Artgenossen in freier Wildbahn.

Damit sich das nicht ändert und die wilden Affen wild bleiben, gelten für alle Besucher ein paar wichtige Regeln. Grundsätzlich geht es darum, die Affen in Salem nicht anders zu behandeln als Artgenossen, die wir irgendwo anders in freier Wildbahn entdecken: Nicht berühren und streicheln. Kein mitgebrachtes Essen füttern. Abstand halten. Und: Rucksäcke und Taschen gut verschließen und nicht unbeaufsichtigt lassen, denn auch in Salem sind die Affen neugierig.

Gut zu wissen

Der Affenberg Salem hat von Mitte März bis mindestens 1. November bei jedem Wetter geöffnet. Ein Rundweg führt durch den Wald, in dem die Affen leben. Ungefähr alle 40 Minuten können die Besucher außerdem bei der Fütterung der Berberaffen dabei sein.
Der Park ist rollstuhlgerecht, die Wege aber sind unbefestigt. Weil es einen starken Anstieg gibt, wird empfohlen, mit einer Begleitperson vorbeizukommen. Neben den Berberaffen sind im Affenberg Salem eine Dammwildherde und die größte freifliegende Storchenkolonie im süddeutschen Raum zuhause.

- Mendlishauser Hof, 88682 Salem • +49 7553 / 381 • www.affenberg-salem.de

SCHÖNER *als gemalt*

Zwischen Türmen und Tafelbergen wie im chinesischen Hunan

BUNDESLAND Sachsen

JAHRESZEIT Ganzjährig

Es gibt diese Landschaften, die passen in die Erzählungen von Romanen und in die Fantasiewelten von Filmen, nicht aber in unsere echte Welt. Dafür sind sie viel zu bizarr, zu unwirklich, unwirklich schön. Und doch hat die Natur immer wieder Beweise parat, dass sie erschaffen kann, was auch Künstler und Filmemacher in ihren Köpfen malen.

Der Zhangjiajie National Forest Park in der chinesischen Provinz Hunan ist so ein Bespiel, noch dazu ein sehr gutes.

Auch der **Nationalpark Sächsische Schweiz** im Elbsandsteingebirge ist eines – ein perfektes Beispiel für eine natürliche Landschaft, die unwirklich schön ist.

An dieser Stelle könnte man sich jetzt wundern, warum hier ausgerechnet zwei Orte genannt werden, die kaum weiter voneinander entfernt liegen könnten. Die Sache ist: Das trifft zwar auf alle geografischen Maßeinheiten zu – in ihrem Erscheinungsbild aber könnten sich der chinesische Zhangjiajie National Forest Park und der Nationalpark Sächsische Schweiz südöstlich von Dresden kaum ähnlicher sein.

Beide Landschaften sind geprägt von bizarren Sandsteintürmen, von Tafelbergen, Schluchten und Wäldern. Felsnadeln wachsen aus dem bewaldeten Boden empor, als würde man Zahnstocher in Knete stecken. Schmale

Die Bastei ▸

Türme ragen teilweise ein paar Hundert Meter hoch in den Himmel.

Beide Parks dienten als Kulisse von Hollywood-Filmen. Hält man die Bilder aus Hunan und der Sächsischen Schweiz aus gewissen Perspektiven nebeneinander – wir könnten nur raten, welches Motiv in Sachsen, welches in Zentralasien aufgenommen wurde.

Grund für die Ähnlichkeit ist die genau identische Entstehungsgeschichte der beiden Landschaften:

Sowohl in Hunan in China, als auch dort, wo die Sächsische Schweiz in den tschechischen Teil des Elbsandsteingebirges übergeht, war der Boden vor Millionen von Jahren vom Ozean bedeckt. Als der Meeresgrund durch die Verschiebung der Erdplatten angehoben wurde und zerbrach, blieb ein sensibler Untergrund zurück. Der war fortan Wind, Wasser und Frost ausgesetzt.

In Hunan und in Sachsen entstanden bizarre Felstürme, einzigartige Landschaften in einer beeindruckenden Dimension: 1.100 freistehende Sandsteinfelsen gibt es im Nationalpark Sächsische Schweiz allein auf deutscher Seite.

Heute macht das den Nationalpark zu einem beliebten Ziel für Wanderer und Kletterer, für Radfahrer und Reiter. Es gibt ein Netz aus rund 1.200 Kilometer Wanderwegen, 21.000 Kletterrouten, 720 Kilometer offizielle Reitwege.

Beeindruckende Aussichten auf die aufgetürmte Landschaft des Elbsandsteingebirges gibt es überall entlang dieser Wege – dennoch zeichnen sich mittlerweile ein paar Aussichtspunkte ab, deren Panorama schlichtweg sprachlos macht.

Gut zu wissen

Der **Tourenplaner** auf der offiziellen Webseite der Region hilft bei der Suche nach der Wunschtour. Verschiedene Kategorien schlagen beispielsweise geeignete Wanderrouten mit Kindern vor, mit Hunden oder barrierefreie Optionen. Dazu unter dem Menüpunkt »Interaktiv« den *Tourenplaner* auswählen.

▬ www.saechsische-schweiz.de

Die Schrammsteinaussicht

Felstürme, Tafelberge und sogar die Elbe: Die Wanderung zur Schrammsteinaussicht liefert den perfekten Überblick

über die abwechslungsreiche Schönheit des Elbsandsteingebirges.

Die gut 15 Kilometer lange Tour startet am Marktplatz in Bad Schandau, der nächste Parkplatz ist am Elbkai (An der Elbe 2, 01814 Bad Schandau). Dauer: Rund viereinhalb Stunden.

Der Tourenplaner zeigt uns zu allen hier vorgeschlagenen Wanderungen jeweils die gesamte Route mit allen Details an und stellt die GPS-Koordinaten zum Download zur Verfügung.

https://karte.saechsische-schweiz.de/wanderkarte/touren/gpx/tour/wandern/14148856.html

Auf der oberen Affensteinpromenade

Als wäre der Blick auf die Felstürme und Täler der Sächsischen Schweiz nicht schon beeindruckend genug, können wir von manchen Aussichtspunkten auf dieser gut 13 Kilometer langen Tour sogar bis zum böhmischen Teil in Tschechien blicken.

Die Tour startet am Wanderparkplatz Lichtenhainer Wasserfall (Kirnitzschtalstraße 11, 01855 Sebnitz). Dauer: Rund fünfeinhalb Stunden, die Tour fällt in die Kategorie »schwer«, Trittsicherheit und Schwindelfreiheit sind nötig.

https://karte.saechsische-schweiz.de/wanderkarte/touren/gpx/tour/wandern/49998562.html

Die Herkulessäulen

Eine kurze, leichte, aber nicht weniger beeindruckende Wanderung, bei der wir zwischen den imposanten Felsnadeln hindurchlaufen. Gut für zwischendurch: Hin- und Rückweg sind nur knapp fünf Kilometer lang, wer es gemütlich angeht, braucht ungefähr zwei Stunden.

Die Tour startet am Wanderparkplatz hinter der Schweizermühle (Schweizermühle 9, 01824 Rosenthal-Bielatal).

www.outdooractive.com/de/route/wanderung/saechsische-schweiz/das-reich-der-bizarren-felstuerme-im-bielatal/14918741

Der Klassiker: Die Bastei

Die wohl berühmteste Wanderung, der wohl bekannteste Aussichtspunkt im Nationalpark Sächsische Schweiz ist die Bastei. Wer eine Massenwanderung umgehen will, sollte nicht zur Hauptreisezeit im Sommer, während der Ferien oder an einem Wochenende unterwegs sein.

Die knapp zehn Kilometer lange Tour startet offiziell an der Fähranlegestelle in Rathen. Wer mit dem Auto anreist, parkt am besten auf dem Wanderparkplatz am Gamrig (Koordinaten: N 50.956552, E 14.098640) und startet von dort. Dauer: Rund dreieinhalb Stunden.

Die gesamte Tour ist eine einfache Wanderung, Vorsicht ist aber auf dem Gamrig geboten. Der schmale Pfad führt an einer Stelle direkt am Abgrund entlang. Hier sind Trittsicherheit und Schwindelfreiheit nötig. Wer das umgehen will, kann vom Parkplatz aus Richtung Rathen laufen und die Tour über den Füllhölzelweg abkürzen.

https://karte.saechsische-schweiz.de/wanderkarte/touren/gpx/tour/wandern/38004229.html#details

Übrigens: Das Elbsandsteingebirge hat auch früher eine besondere Aufmerksamkeit erzeugt, im Mittelalter schon. Es gibt eine lange Historie von Künstlergeschichten, die sich von der einzigartigen Landschaft der Felsnadeln haben inspirieren lassen.

Es passiert also andersherum: Nicht die Menschen schaffen in ihren Geschichten, Filmen und Gemälden unwirkliche Welten, die zu schön sind, um wahr zu sein. Das macht die Natur selbst – wir hingegen lassen uns von ihr inspirieren.

◄ Sonnenaufgang auf Berg Lilienstein

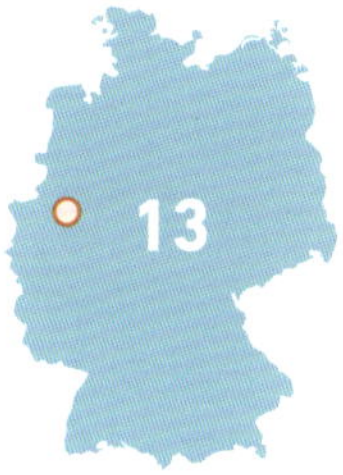

DER ZAUBER UM Sri Kamadchi Ampal

Mit Tausenden Hindus ein indisches Tempelfest feiern

BUNDESLAND
Nordrhein-Westfalen

JAHRESZEIT
Ganzjährig

Einmal im Jahr, wenn Hindus aus Deutschland und ganz Europa in ihren knallbunten Gewändern durch die Straßen ziehen, in ihrer Mitte ein ebenso bunt geschmückter Wagen mit der Statue einer Göttin, dann sprengt das förmlich das Bild, das wir von einer Stadt am Rande des Ruhrpotts haben.

Hamm ist aber nicht nur eine Stadt am Rande des Ruhrgebiets. Für Tausende Hinduisten ist Hamm der Ort, in dem sie eine wichtige Verbindung zwischen ihrer indischen und ihrer europäischen Heimat finden. Denn ausgerechnet hier steht der der einzige Tempel der Göttin Kamadchi außerhalb Südasiens.

17 Meter hoch ragt der **Sri-Kamadchi-Ampal-Tempel** im Industriegebiet von Hamm-Uentrop zwischen grauen Schornsteinen und Kühltürmen in den Himmel. Mit seinen Wänden, die mit Mustern bemalt und den Figuren indischer Gottheiten besetzt sind, könnte er zwischen all den grauen, spiegelglatten Kraftwerkstürmen nicht mehr auffallen. Es gibt kaum eine leuchtende Farbe, die wir nicht auf der Fassade des Tempels finden.

Sobald wir in seinem Inneren stehen, ist das Industriegebiet vergessen. Wer genauer hinschaut und ein wenig mit den rituellen Gepflogenheiten des Hinduismus vertraut ist, der bemerkt, dass der Tempel in Hamm genauso konzipiert ist wie alle anderen in Südasien auch: Die Göttin Sri Kamadchi Ampal blickt von ihrem Zentralschrein aus gen Osten – in die Himmelsrichtung, in der die Sonne aufgeht.

Den 700 Quadratmeter großen Innenraum prägen sieben, mit mythologischen Figuren und Ornamenten verzierte Schreine, die von indischen Arbeitern höchstpersönlich erbaut worden. In Relation zur Religionsgeschichte ist das quasi gestern passiert: Eingeweiht wurde der Sri-Kamadchi-Ampal-Tempel erst 2002, gemeinsam mit Priestern aus der ganzen Welt.

Einer von ihnen: Siva Sri Arumugam Paskarakurukkal, der auch heute noch Ritualexperte, spiritueller Führer, Manager und Vorstand des Tempels ist.

In seinem eigenen Keller begann der Hinduismus in Hamm. 1989 war das, als er wie viele andere Tamilen als Bürgerkriegsflüchtling aus Sri Lanka nach Deutschland gekommen ist.

Seither gehört der Hinduismus zu Hamm dazu. Und wenn beim wichtigsten Fest des Jahres die Göttin Sri Kamadchi Ampal auf einem Wagen aus dem Tempel geholt und in einer aufwendigen Zeremonie durch die Straßen geschoben wird, dann erinnern nur die Häuser rechts und links und die Solaranlagen auf ihren Dächern daran, dass wir nicht in Indien sind.

Mit Jubelrufen zur Ehren der Göttin, mit Gesang und Gebeten laufen und tanzen die Hindus aus ganz Europa barfuß durch Hamm. Manche Frauen balancieren Tontöpfe mit Milch auf ihren Köpfen, aus anderen lodern klei-

ne Flammen. Opfergaben zum Dank, vielleicht, weil ihre Wünsche vom letzten Jahr in Erfüllung gegangen sind.

Zwischen ihnen laufen Bürger aus Hamm, die nicht dem Hinduismus angehören. Die trotzdem Teil dieses besonderes Festes sein wollen, dankbar für die kulturelle Vielfalt, die der Sri-Kamadchi-Ampal-Tempel in ihre Stadt lockt.

Höhepunkt der jährlichen Zeremonie ist die rituelle Reinigung: Zum Ende der Prozession ist das Flussufer unter der Autobahnbrücke voll mit Menschen. Wie ein Meer aus Farben hocken Hunderte Hinduisten aus ganz Europa dicht an dicht am smaragdgrünen Wasser und tauchen in kleinen Gruppen kurz im Kanal unter.

Spätestens dann ist es wirklich schwer zu glauben, dass sich diese Bilder nicht am heiligen Fluss Ganges in Indien abspielen, sondern im Datteln-Hamm-Kanal am Rande des Ruhrpotts.

Gut zu wissen

Das jährliche Tempelfest findet an zwölf aufeinanderfolgenden Tagen statt. Höhepunkte sind der große Umzug und die rituelle Reinigung im Fluss. Im Sri-Kamadchi-Ampal-Tempel sind Besucher das ganze Jahr über herzlich willkommen. Der Tempel ist täglich geöffnet, auf Anfrage veranstaltet die Hinduistische Gemeinde Deutschland Führungen.

- Siegenbeckstraße 4–5, 59071 Hamm • +49 2388 / 30 22 23 • www.hinduistische-gemeinde-deutschland.de

Nicht vergessen: Ein hinduistischer Tempel ist ein geweihter, heiliger Ort. Deshalb gilt: keine Schuhe, kein Alkohol, kein Fleisch, keine Zigaretten, keine Haustiere.

ZU SCHMAL *für jedes Satellitenbild*

Sich durch die engste Gasse der Welt zwängen

BUNDESLAND
Baden-Württemberg

JAHRESZEIT
Ganzjährig

Wenn Millionen Menschen in einer Stadt wohnen, wenn Platz rar ist und Gebäude riesig, dann sind die Straßen dazwischen oft sehr schmal. Das ist ein Phänomen, das in Asien bei jedem Stadtspaziergang auffällt: dass Nebenstraßen keine mehr sind und sich stattdessen kaum sichtbar zwischen zwei Häusermauern durchschlängeln.

Würden diese winzigen Gassen nicht regelmäßig Menschen ausspucken, die ihre Einkäufe vor oder hinter sich halten müssen, weil sie sonst samt ihren Tüten zwischen den Betonmauern stecken blieben – dann wäre ich nicht sicher, ob das wirklich eine Straße ist, bei der man am anderen Ende irgendwo rauskommt. Oder ob ich nicht einfach verschluckt werde.

Im Gegensatz zu den bunt bemalten Gassen, wie sie oft den Charme italienischer Orte ausmachen, sind die engen Straßen Asiens unscheinbarer, weniger einladend. Eng, eben. Dunkel. Und definitiv nicht als Straße erkennbar.

Wer aber hätte gedacht, dass sich die engste Straße der Welt nicht in Asien befindet?

Und auch nicht in Italien?

Sondern in Deutschland. Genau gesagt in **Reutlingen**, Baden-Württemberg, rund 40 Kilometer südlich von Stuttgart. Zwischen zwei Häusern befindet sich – nun ja, Straße würde ich das gar nicht nennen – ein Spalt. Der ist an seiner engsten Stelle 31 Zentimeter breit, hat aber tatsächlich einen Straßennamen.

Die **Spreuerhofstraße** ist an dieser Stelle schmaler als ein gängiger Stuhl, halb so breit wie ein Küchenschrank, ungefähr so groß wie ein Schuh in der Größe 48 oder die lange Seite eines DIN-A4-Blatts.

Besonders lang ist die rund 50 Meter kurze Spreuerhofstraße zwar auch nicht – weil sie aber dennoch öffentlicher Grund zwischen Häusern ist, ist sie mit diesen Dimensionen offiziell die engste Straße der Welt. Nachzulesen ist das seit 2007 sogar im *Guinness Buch der Rekorde.*

Und darauf ist Reutlingen stolz. So stolz, dass der Hinweis, dass man soeben vor der engsten Straße der Welt steht, sogar größer an der Hauswand steht als der Straßenname selbst.

Und tatsächlich lohnt es sich, die Spreuerhofstraße entlangzulaufen, anstatt nur davor zu stehen. Das Erlebnis ist zwar ein kurzes, aber eines, das eine Gedankenreise nach Asien garantiert.

Die enge Schlucht zwischen der Hausnummer 9 und dem Haus auf der gegenüberliegenden Straßenseite schließt Tageslicht beinahe komplett aus. Außer Kindern kann hier wohl kaum jemand vorwärts laufen, sondern muss sich seitlich mit dem Rücken an der einen Wandseite entlangschieben. Mit einem Einkaufskorb, einem großen Rucksack oder gar einem Kinderwagen braucht man es gar nicht erst zu versuchen. Wer größer als 1,80 Meter ist, muss zusätzlich den Kopf einziehen.

Entstanden ist die engste Straße der Welt nach einem schlimmen Feuer: 1726 sind bei einem Stadtbrand rund 80 Prozent der Häuser zerstört worden. Die Gasse wurde anschließend, so die Vermutung, als Fluchtweg für das damalige Krankenhaus genutzt.

Heute ist die Spreuerhofstraße eine Attraktion – für allem für asiatische Besucher. Sogar der ehemalige chinesische Staatspräsident Hu Jintao soll sie schon einmal entlanggelaufen sein.

Gut zu wissen

Auf Satellitenbildern kann man den engsten Abschnitt der Straße nicht zwischen den Dächern erkennen. Wer per Navigations-App nach der Spreuerhofstraße in Reutlingen sucht, wird sie dennoch entdecken. Der Zugang zur engsten Stelle erfolgt neben Haus Nummer 9.
Vom Hauptbahnhof Reutlingen sind es zu Fuß nur ungefähr zehn Minuten, das nächste Parkhaus ist das Parkhaus Stadtmitte (Mauerstraße 34/1, 72764 Reutlingen).
Übrigens: Das Straßenschild ist mittlerweile mit Spezialschrauben in der Häuserwand verankert, nachdem es in den vergangenen Jahren immer wieder geklaut wurde.

MIT DER SEILBAHN *nach Georgien*

Unterschiedliche Welten und atemberaubende Aussichten wie in Tiflis erkunden

BUNDESLAND
Rheinland-Pfalz

JAHRESZEIT
Ganzjährig

In Tiflis treffen Welten aufeinander. Alte Geschichten, von denen bis heute die Fassaden der ersten Viertel erzählen. Oft sind diese Fassaden von oben bis unten bedeckt von Weinreben und Efeu, haben geschwungene Balkone und gemütliche Innenhöfe.

Zwischendrin gibt es aber auch neue, moderne Geschichten, die sich wie Fremdkörper in die gewundenen, Kopfsteinpflaster-Straßen einmischen. Moderne Architektur, Trends aus Europa, das viele Georgier so sehr beneiden, Trends aus der ganzen Welt.

Es sind aber nicht nur alte und neue Geschichten, die in Tiflis zusammentreffen. Sondern auch Welten in kultureller Hinsicht.Tiflis ist eine Stadt der Kontraste, und gerade die sind es, die Tiflis wunderschön machen. In der georgischen Hauptstadt ist man irgendwo zwischen Europa und Asien, überall und nirgendwo. Und selbst Naturmenschen, die in einer Hauptstadt selten mehr sehen als den Startpunkt ihres Abenteuers, können in Tiflis hängenbleiben und sich verlieren.

Das kann ich so sicher behaupten, weil es mir selbst so ergangen ist. In Hauptstädten bin ich für gewöhnlich nie länger als nötig. Anders war das in Tiflis, dort bin ich tagelang nicht losgekommen, weil mich die Stadt mit all ihren Kontrasten und ihrer Einzigartigkeit in den Bann gezogen hat, bevor ich mir darüber bewusst werden konnte.

Zeitlos bin ich durch die engen Gassen der Altstadt geschlendert, habe mich im Labyrinth aus bunten Häuserfassaden verloren, bin mitten in der Stadt in eine Gondel gestiegen und mit der Seilbahn auf den Aussichtsberg Mtazminda gefahren. Dieser Berg gehört zum Stadtbild dazu wie jeder Kirchturm und jedes Dach – sobald man oben steht und auf das Häusermeer nach unten blickt, fühlt man sich trotzdem wie in einer ganz anderen Welt.

Eine Seilbahn auf einen Berg, direkt vom historischen Stadtzentrum aus – wo gibt's das auch schon?

Nicht nur in Tiflis, soviel ist klar. Auch in **Koblenz**.

Das aber habe ich erst Monate später gelernt, als ich durch die kleinen Gassen der Altstadt spaziert bin, am Rhein entlang und plötzlich nicht mehr vor dem historischen Rathaus stand, sondern der Talstation einer Seilbahn. Denn auch vom Stadtzentrum in Koblenz aus führen Gondeln über den Rhein hoch zur Festung Ehrenbreitenstein.

Und auch in Koblenz ist sowohl die Festung als auch die Seilbahn nicht mehr aus dem Stadtbild wegzudenken. Und das, obwohl sie erst seit 2010 über den Rhein gespannt ist. Damals wurde sie als neues Transportmittel zur Bundesgartenschau gebaut. Die Koblenzer haben sich anschließend dafür eingesetzt, dass die Seilbahn bleibt.

Vom Plateau der Festung Ehrenbreitenstein aus erstreckt sich das Panorama genau wie in Tiflis über die bunten

Fassaden der Altstadt. Von oben aus sind die engen, geschwungenen Gassen sichtbar. Auch sie erzählen alte wie neue Geschichten.

Auf dem Aussichtspunkt oberhalb der Stadt angekommen, fällt der Blick, in Koblenz genau wie in Tiflis, auf die Weinberge ringsum, die sich bis zum Horizont erstrecken. Auf einen von Schiffen befahrenen Fluss, der in Koblenz an Ort und Stelle sogar eine ganz besondere Bedeutung hat: Denn hier, im **Deutschen Eck**, vereinen sich Rhein und Mosel.

Und plötzlich – plötzlich hat mich auf dem Plateau der Festung Ehrenbreitstein in Koblenz dasselbe Gefühl gepackt wie auf dem des Aussichtsberges Mtazminda in der georgischen Hauptstadt Tiflis.

Gut zu wissen

Die Talstation der Seilbahn liegt am innerstädtischen Rheinufer, hinter der Kastorkirche in direkter Nähe zum Deutschen Eck. Vom Hauptbahnhof aus fährt die Buslinie 1 zum Deutschen Eck – zu Fuß führt der Weg ungefähr 20 Minuten durch die sehenswerte Koblenzer Innenstadt. Von April bis September legen auch die Ausflugs- und Linienschiffe in der Nähe der Seilbahn an und ab. Das nächste Parkhaus ist die Tiefgarage Görresplatz (Josef-Görres-Platz 15, 56068 Koblenz).

- Konrad-Adenauer-Ufer, 56068 Koblenz • +49 261 / 20 16 58 50 • www.seilbahn-koblenz.de

BUDDHA, BLUMEN UND *Gebetsfahnen*

Durch eine Landschaft wie in Nepal schlendern

BUNDESLAND
Bayern

JAHRESZEITEN
Frühjahr, Sommer, Herbst

Auf der kurvigen Straße durch den Bayerischen Wald weißt nur ein kleines Schild darauf hin, dass sich irgendwo hinter den Bäumen ein Stückchen Nepal verbirgt. Wer hier abbiegt, ist gerade durch das Herz der Oberpfalz gereist, vielleicht durch Regensburg gefahren. Jetzt aber kommt er in Asien an.

Mitten im Wald, ungefähr 20 Kilometer östlich von **Regensburg**, vier Kilometer vom Ufer der Donau entfernt, zwischen den kleinen Orten Wiesent und Ettersdorf breitet sich der **Nepal Himalaya Pavillon** auf einem kleinen Hügel aus.

Ein hölzernes Eingangstor trennt die Oberpfalz und Nepal voneinander. Vom Bayerischen Wald geht die Reise durch das Tor direkt in den Himalaya.

Leichte Böen tragen das Klimpern von Windspielen durch den Garten, schmale, verschlungene Wege führen durch üppige Beete, vorbei an glasklaren Wasserläufen und Buddha-Statuen.

Das Herzstück des Gartens ist der traditionsreiche Pavillon. Eine große, weiße Kuppel – die buddhistische Stupa – mit dem goldenen Turm eines hinduistischen Tempels. Geziert mit bunten Gebetsfahnen und filigranen Holzschnitzereien, an denen 800 nepalesische Familien über drei Jahre lang gearbeitet haben.

Während der Pavillon symbolisch Buddhismus und Hinduismus vereint, ist der gesamte Garten eine Hommage an die nepalesische Kultur, ja, sogar ein Zentrum zur Völkerverständigung. Eröffnet von einem über 80 Jahre alten Bayern, der dafür das Grundstück eines alten Steinbruchs gekauft hat.

Der buddhistisch-hinduistische Pavillon steht dort nun seit 2003, eingebettet in einen Garten mit mittlerweile über 6.200 verschiedenen Pflanzenarten. Im Frühjahr liegt der Pavillon inmitten eines Meers aus Rhododendronblüten – die Nationalblume Nepals.

Ringsum finden sich auch seltene Pflanzen aus dem Himalaya, sie machen den Park zu einem der artenreichsten öffentlichen Gärten Deutschlands.

Mit jedem Jahr wächst der Garten des Nepal Himalaya Parks ein Stückchen weiter. Im ältesten Teil des Parks liegen ein großer Heidegarten, trockene Hänge, feuchte Beete und zwei große Teiche.

Es gibt einen Japangarten mit Koi-Teich, riesige, chinesische Pfingstrosen, einen duftenden Kräutergarten samt eines chinesischen Pavillons.

In Little Bhutan verbergen sich im dichten Grün des Bayerischen Walds Bauwerke aus Bhutan, vom Wasser angetriebene Gebetsmühlen und ein weiterer, bunt verzierter Tempel.

Doch egal, wo wir stehen: Immer wieder tragen sanfte Böen das leise Klimpern des Windspiels und den wür-

◄ Die Festung Ehrenbreitstein bei Nacht

zig-süßen Geruch von Räucherstäbchen zu uns. Die Gebetsfahnen und der goldene Turm des buddhistisch-hinduistischen Pavillons scheinen von überall durch die Blätter.

Und plötzlich, nachdem wir eine Runde durch den Park gedreht haben und wieder vor seinem Herzstück, dem Pavillon, stehen, haben wir in der Oberpfalz eine Runde durch Nepal und ganz Asien gedreht.

Gut zu wissen

Der Nepal Himalaya Pavillon in Wiesent bei Regensburg hat zwischen April und Oktober geöffnet. Der Ertrag aus den Eintrittsgeldern geht an die Stiftung *Wasser für die Welt,* die seit Jahrzehnten weltweit Projekte für sauberes Trinkwasser unterstützt. Manchmal finden auf dem Gelände auch Ausstellungen und Konzerte statt. Hunde dürfen nicht in den Park.

- Martiniplatte, 93109 Wiesent • +49 9482 / 95 96 86 • www.nepal-himalaya-pavillon.de

ABENDS SIND WIR *James Cook*

Den Sonnenuntergang wie in Asien auf dem Wasser erleben

BUNDESLÄNDER
Alle Bundesländer

JAHRESZEIT
Sommer

Es ist Dienstagabend. Heute war ein ganz normaler Arbeitstag. Telefongespräche, E-Mails, Word-Dokumente, Blick in den Kalender. Auch morgen wird so ein ganz normaler Arbeitstag sein, gerade aber spielt beides überhaupt keine Rolle.

Die Wasseroberfläche ist so glatt, dass ich mein Spiegelbild haargenau auf ihr erkennen kann, wenn ich mich über das Boot hinausbeuge. Alles schimmert orange. Letzte Sonnenstrahlen im Gesicht, Vögel singen im Abendlicht, Insekten zirpen, Sommer auf der Haut.

Je näher die Sonne dem Horizont kommt, desto röter wird der Himmel. Bald verschwindet sie ganz. Trotzdem ist es noch so warm, dass Bikini oder Badehose genug sind, und der Gedanke immer lauter wird, doch noch einmal vom Boot ins Wasser zu springen.

Der Abend ist magisch. Einerseits, weil sich so ein Sonnenuntergang im Hochsommer mitten auf dem Wasser immer besonders anfühlt. Ein Mix aus Sommerferien-Erinnerungen, in denen die Zeit stillstand, und Momenten von der letzten Reise, auf der sich die Welt viel zu schnell weitergedreht hat.

Das Gefühl dieser Sonnenuntergänge auf dem Wasser ist aber geblieben. Und das Déjà-vu gerade so stark, dass ich mich für einen Moment genau gleich fühle wie damals. In dem kleinen Ruderboot in der thailändischen Bucht.

Ich blicke runter zu meinem Knöchel, der im Wasser baumelt. Die Idee für den kleinen Vogel, der dort tätowiert ist, hatte ich genau in diesem Moment in dieser Bucht. Während die Sonne im Meer versunken ist. Ich war frei, leicht, überglücklich und verliebt in die Welt. Und jetzt, bei diesem bayerischen Sonnenuntergang auf meinem Lieblingssee bin ich es immer noch.

Alle Sorgen, alle Gedanken, bleiben auf wundersame Weise am Ufer zurück. Egal, ob dienstags, freitags oder samstags.

Segeln im Sonnenuntergang

Ich bin mir sicher, wir alle haben einen See in der Nähe, an dem wir uns stunden- oder tageweise ein Ruderboot ausleihen können.

Wer dem Erlebnis einen Hauch mehr Exotik verleihen oder diesen einen Feierabend ganz besonders gestalten will, kann das Ruder gegen ein Segel tauschen: Auf manchen Seen können wir dem Sonnenuntergang sogar entgegensegeln. Und wenn die Segel dann leise im Wind flattern, während der Himmel in allen Farben strahlt, können wir uns fast ein bisschen fühlen wie James Cook.

Das geht zum Beispiel auf Deutschlands größtem See, dem **Bodensee**: Die Segelschule *Bodensee Skipper* bietet bei gutem Wetter Törns im Abendrot an, die Preise starten bei 220 Euro für zwei Personen.

Maurenstraße 1A, 78354 Sipplingen • +49 178 828 81 59 • www.bodenseeskipper.de

Auf dem **Kronenburger See** in der Eifel bietet die *Seaschool* auf Nachfrage Segeltrips an.

+49 2253 / 9326814 • www.seaschool2016.jimdo.com

18
Ein arktisches Wochenende in den Bergen verbringen

19
Winterwanderung zu einem der kältesten Orte der Welt

20
Gefrorene Wasserfälle und Wände aus purem Eis bestaunen

Antarktika

WIE INUIT *im Iglu*

Ein arktisches Wochenende in den Bergen verbringen

BUNDESLAND
Bayern

JAHRESZEIT
Winter

Weiß, Blau und Grau. Das ist alles, was wir sehen. Abgesehen von den Outdoorjacken und Schneehosen, die in bunten Trendfarben aus dem winterlichen Farbschema fallen.

360 Grad Winterlandschaft, der Schnee knirscht unter unseren Schuhen, die Nase ist schon nicht mehr kalt, sondern taub. Ohne Sonnenbrille müssen wir die Augen zusammenkneifen und die Handschuhe ziehen wir nur aus, wenn wir unmittelbar danach den Deckel der Thermoskanne mit warmem Tee umklammern können.

Antarktika ist für mich der eine Kontinent, der weiter weg scheint als alles andere, was wir auf diesem Planeten erreichen können. Weiter als der südlichste Punkt Patagoniens, dessen Luftlinie zu Deutschland aber genauso lang ist. Und definitiv weiter als die neuseeländische Hauptstadt Wellington, in der ich gemeinsam mit Felix schon gewohnt und gearbeitet habe. Ungefähr 18.000 Kilometer Luftlinie sind es dorthin, nur 14.000 Kilometer nach Antarktika. Der Kontinent aus Schnee und Eis scheint mir trotzdem Welten entfernt.

Wenn ich versuche, mir diese Landschaft vorzustellen, dann habe ich Bilder im Kopf, die ungefähr so aussehen wie gerade beschrieben. Weiß, Blau und Grau sind sie, Schnee und Eis soweit das Auge reicht, die Nase taub, Zehen und Finger steif. Es ist ein Gefühlsmix, den eine Reise auf den gefrorenen Kontinent in mir auslöst. Die Vorstellung, mir von dieser Kälte die Nase taub frieren zu lassen, mich dort einmal um meine eigene Achse zu drehen und nichts zu sehen als Schnee und Eis – und zu wissen, dass selbst hinter dem Horizont noch mehr Schnee und Eis wartet. Einerseits löst allein die Vorstellung pures Abenteuerkribbeln aus. Andererseits bin ich mir recht sicher, dass ich am kältesten Ort der Erde bei einer Jahresdurchschnittstemperatur von minus 55 Grad Celsius ganz oft mit mir kämpfen würde. Das Genießen rückt wahrscheinlich recht schnell in den Hintergrund.

In diesen Gedanken verliere ich mich immer wieder. Vielleicht, weil mir diese Welt für immer verborgen bleiben könnte.

Dennoch kann ich Antworten auf manche Fragen finden, manche diese Bilder von einer Vorstellung in Realität verwandeln. Vor allem, was das Rätsel angeht, ob ich noch genießen kann, wenn die Kälte überall ist und auch über Nacht bleiben wird. Denn um dieses Rätsel zu lösen, muss ich gar keine 14.000 Kilometer reisen, sondern nur bis ins Allgäu.

Dort, in der wilden und weißen Alpenlandschaft können wir ein Wochenende umgeben von nichts als Schnee verbringen. Der wird alle Geräusche verschlucken, noch bevor wir sie hören können, und alles sein, was wir sehen werden.

Auch nachts, denn schlafen werden wir in einem selbstgebauten Iglu.

Diese Eskimo-Wochenenden im Allgäu werden von Bergführern begleitet, die Experten sind, was das Überleben im Winter angeht. Und den Bau von perfekten Iglus.

Mit Schneeschuhen wandern wir durch die Winterlandschaft und sind die einzigen Farbkleckse. Wenn wir an einem guten Platz angekommen sind, sägen wir aus der Schneedecke unsere gefrorenen Bauklötze aus. In traditioneller Bauchtechnik entsteht daraus, Schneestein um Schneestein, unser kuppelförmiges Iglu.

In seinem Inneren reicht die Flamme einer Kerze aus, um den kleinen Raum auf plus drei Grad aufzuheizen – unabhängig davon, wie viel kälter es draußen ist.

Und wenn wir nachts zwischen den Schneebausteinen die Augen aufschlagen, dann können wir uns vielleicht doch vorstellen, dass die Antarktis Teil unserer Welt ist.

Gut zu wissen

Die Eskimo-Wochenenden veranstaltet der **Waldseilgarten Höllschlucht** von Januar bis März in den Allgäuer Alpen. Das Abenteuer beginnt immer an einem Samstagmorgen. Dabei geht es nicht um ein Glamping-Wochenende in einer Iglu-Lodge – sondern um ein authentisches Outdoor-Abenteuer. Besondere Vorkenntnisse sind trotzdem nicht nötig. Das Wochenende kostet für Erwachsene 215 Euro. Inklusive sind warme Getränke, eine deftige Brotzeit, Frühstück am Iglu, ein Abendessen in der Ostlerhütte auf dem Breitenberggipfel (1.838 m) und die Spezialausrüstung. Anmeldung über die Geschäftsstelle des Waldseilgartens.

- Tiroler Straße 176, 87459 Pfronten-Steinach • +49 8363 / 9 25 98 96 • www.waldseilgarten-hoellschlucht.de

DURCH DIE SAUGASSE *in die Arktis*

Winterwanderung zu einem der kältesten Orte der Welt

BUNDESLAND
Bayern

JAHRESZEIT
Winter

Zwischen minus 44,4 Grad Celsius und minus 82,8 Grad Celsius. Das ist die Temperaturspanne, die Messungen an den zehn kältesten Orten der Welt angezeigt haben.

Freie Hautstellen sind binnen Sekunden taub, genauso schnell gefriert Wasser zu Eiskristallen, wenn wir es aus einem Eimer in die Luft schleudern. Solche Bilder und Videos hat man vielleicht schon mal im Internet oder in den Nachrichten gesehen. Aufgenommen meistens ins Sibirien, Alaska, natürlich in der Antarktis – oder auch am **Funtensee in Bayern**.

Ja, richtig gelesen: Denn dort, in den Berchtesgadener Alpen auf 1.633 Metern über Null, wurde nicht nur die kälteste Temperatur Deutschlands gemessen. Mit den minus 45,9 Grad Celsius, die das Thermometer an Weihnachten 2001 angezeigt hat, gehört der Funtensee sogar zu den zehn kältesten Orten der Welt.

Dabei liegt er gerade einmal 1.000 Höhenmeter oberhalb von Berchtesgaden und des bekannten Königssees.

Mit seiner Höhe über dem Meeresspiegel aber hat die Rekordkälte am Funtensee nichts zu tun. Der Hauptgrund ist seine spezielle Lage in einer Senke, umschlossen von steilen Bergflanken.

Das Phänomen können wir uns folgendermaßen vorstellen: In der Nacht sammelt sich in diesem Kessel eiskalte Luft und sinkt nach unten zum Grund. Sie steht dann auf der gefrorenen Oberfläche des Funtensees – und weil die Strahlen der tiefstehenden Sonne im Winter kaum auf den See fallen, erwärmt sich diese Luft auch tagsüber nur minimal.

Die Bergflanken ringsum hingegen werden von der Sonne erwärmt – einen Teil dieser Wärme können sie speichern und strahlen sie nachts ab. Diese wärmere Luft steht also oberhalb des Funtensees und schließt die Luft unten auf der gefrorenen Wasseroberfläche ein.

Das bedeutet allerdings nicht, dass die Rekordtemperatur von minus 45,9 Grad andauernd gemessen wird – der Durchschnitt im Winter liegt bei minus 20 Grad.

Trotzdem vermuten Experten, dass sogar noch kältere Temperaturen möglich sind: Bei einem Zusammenspiel einer günstigen Wetterlage prognostizieren sie bis zu minus 55 Grad.

Diese Nacht am Funtense wäre dann kälter als die Temperaturen in Kasachstan oder der Mongolei.

Im Winter und auch in anderen Monaten im Herbst oder Frühjahr, wenn die Berge schon oder noch immer von Schnee bedeckt sind, ist der Aufstieg zum Funtensee nur eine Tour für erfahrene und konditionsstarke Wanderer.

Der Weg auf Schneeschuhen oder Tourenskiern führt von Sankt Bartholomä aus entweder durch die bis zu 40 Grad steile Saugasse – das ist die direkte Route, die dennoch etwa sechs Stunden dauert – oder auf rund 18 Kilometern durchs Wimbachgries.

Beide Touren sollten, auch von erfahrenen Wintersportlern, nur bei günstiger Lawinenlage und mit entsprechender Kenntnis samt Lawinen-Sicherheitheitsausrüstung begangen werden.

Wer selbst nicht erfahren genug ist, aber eine gute Kondition hat, kann Deutschlands kältesten Ort in Begleitung eines Bergführers besuchen. In Berchtesgaden gibt es einen Zusammenschluss an zertifizierten Bergführern, die Touren im Sommer und Winter anbieten: die **Berchtesgadener Bergführer**.

Berchtesgadener Straße 21, 83483 Bischofswiesen • +49 8652 / 978 96 90 • www.berchtesgadener-bergfuehrer.de

Gut zu wissen

Das Kärlingerhaus, eine Hütte des Deutschen Alpenvereins, die oberhalb des Funtensees liegt, ist ab Oktober geschlossen. In einem unbewirtschafteten Winterraum finden Skitourengeher und Schneeschuhwanderer Unterschlupf.
Bei entsprechender Witterung und Schneelage hat das Kärlingerhaus während der Osterferien wieder geöffnet. Dann bietet die Sektion Berchtesgaden des Deutschen Alpenvereins geführte Skitouren im Gebiet des Funtensees und Steinernen Meeres an.

Aktuelle Infos gibt es auf den Webseiten der Alm (www.kaerlingerhaus.de) und der Alpenvereins-Sektion Berchtesgaden (www.dav-berchtesgaden.de).

UMGEBEN VON *Eis*

Gefrorene Wasserfälle und Wände aus purem Eis bestaunen

BUNDESLAND
Bayern

JAHRESZEIT
Winter

Ob es draußen warm ist?

Das spielt gerade keine Rolle.

Einerseits, weil sich die Temperatur hier unten sowieso recht konstant zwischen minus 0,5 und plus 1,5 Grad Celsius eingependelt hat. Andererseits, weil draußen unerreichbar scheint, seit wir über das Schneefeld durch den Höhleneingang nach unten gelaufen sind. Dieser Eingang ist wie ein dunkler Schlund, der alles und jeden verschluckt, der sich zu nahe herantraut.

Ein paar Schritte später, der Schnee knirscht unter unseren Schuhen und der Atem bildet kleine Wölkchen, stehen wir unten – in der Schellenberger Eishöhle im Berchtesgadener Land.

Sie ist die größte Eishöhle Deutschlands und die einzige, die für Erkundungstouren erschlossen ist.

Sobald sich unsere Augen an das Dämmerlicht gewöhnt haben, sehen wir die Felswände in Pastelltönen leuchten. Beige, ockerfarben, rot. Daneben das blanke Eis, das mal milchig weiß schimmert, mal kristallklar, manchmal auch hellblau. Das Eis ist ständig in Bewegung, wandelt sich gemeinsam mit dem Verlauf der Jahreszeiten.

Dass es überhaupt hier ist, im Sommer auf nur 1.600 Metern über dem Meeresspiegel, in diesen Kluften und Höhlen im Inneren eines Kalksteinmassivs, das liegt vor allem an der Lage und Ausrichtung der Höhle: Der Eingang ist mit Abstand der höchste Punkt. Stichwort: Schlund.

Im Winter fließt kalte Luft in die Höhle und sackt, weil sie schwerer ist als warme, in die unteren Bereiche der Höhle. Dabei verdrängt sie wärmere Luft, die nach draußen strömt. Die kalte Luft am Grund der Höhle bleibt dort zu großen Teilen auch im Sommer stehen – weil sie es schlicht nicht schafft, bis zum Höhlenausgang aufzusteigen.

Seit Jahrtausenden verbirgt sich deshalb tief im Inneren des Untersbergs diese für Deutschland einzigartige Eiswelt. Und die verändert sich Jahr für Jahr aufs Neue: Schon im späten Herbst beginnt das Eis zu wachsen. Nach den ersten Nachtfrösten sinkt die Temperatur in der ganzen Höhle dauerhaft unter null Grad, das Sickerwasser friert.

Über den Winter stoppt das Eiswachstum, weil kein Wasser mehr nachsickert. Am meisten Eis bildet sich dann im Frühjahr, wenn der Schnee schmilzt und neues Wasser in die eiskalte Höhle rinnt.

An manchen Wänden entstehen sogar Wasserfälle, davon gibt es im Inneren des Untersbergs mehrere.

Über dreieinhalb Kilometer weit gräbt sich die Eishöhle in den **Untersberg**. 500 Meter davon sind für Besucher zugänglich.

Hier unten ist das Eis ungefähr dreißig Meter dick. Und bis zum nächsten Sommer wird es sich wieder derart wandeln, dass alle Treppen und Stege jedes Jahr aufs

Neue ab- und wieder aufgebaut werden. Würde man das nicht machen – dann würde sie das Eis zerdrücken und verschlingen, andere dafür vielleicht wieder ausspucken.

Eine unwirkliche Welt, die ohne Licht stockfinster ist und im Schein der Lampen ununterbrochen glitzert. Der Atem strömt in dichten Wolken aus uns raus, es riecht nach gar nichts, tief unten im Eis. Deutschland der Arktis?

Gut zu wissen

Die **Schellenberger Eishöhle** ist nur in den Sommermonaten für Besucher geöffnet – meist zwischen Juni und Oktober, abhängig von der Schneelage. Führungen finden dann mehrmals täglich zwischen 10 und 16 Uhr statt.
Ausgangspunkt für die Erkundung ist Marktschellenberg im **Berchtesgadener Land**. Der Wanderparkplatz der Eishöhle liegt auf der rechten Seite an der B305, rund zwei Kilometer nach dem Ortsende von Marktschellenberg Richtung österreichische Grenze (Hauptstraße 15, 83487 Marktschellenberg).
Der Aufstieg beginnt gegenüber: Die einfache Wanderung über die Toni-Lenz-Hütte ist gut sechs Kilometer lang, knapp 1.100 Höhenmeter sind zu überwinden. Gehzeit: rund drei Stunden.

Auf dem Tourenportal »Outdooractive« gibt's die gesamte Wandertour samt Details und GPS-Koordinaten zum Download.

- www.outdooractive.com/de/route/wanderung/berchtesgadener-land/schellenberger-eishoehle/27824223

Rund zwanzig Kilometer südlich der Schellenberger Eishöhle, am **Königssee** im Nationalpark Berchtesgaden, gibt es eine zweite Eishöhle: die **Eiskapelle** unterhalb der **Watzmann Ostwand**. In den deutschen Alpen gibt es kein anderes, permanentes Eisfeld, das so tief liegt. Grund dafür sind die Schneemassen, die im Winter und Frühjahr als gewaltige Lawinen aus der Watzmann Ostwand abgehen.

Der Eingang zur Eiskappe gleicht einem Gletschertor. Aber Achtung: Im Gegensatz zur Schellenberger Eishöhle ist die Eiskapelle nicht erschlossen und akut einsturzgefährdert. Die relativ kurze Wanderung von St. Bartholomä Richtung Watzmann Ostwand bringt Entdecker nur bis zum Eingang. Betreten sollten wir die Eiskapelle auf keinen Fall. Es besteht Lebensgefahr.

Auf dem Tourenportal »Outdooractive« gibt's die gesamte Wandertour samt Details und GPS-Koordinaten zum Download.

- http://regio.outdooractive.com/oar-bgl/s/4EgYO

21
In einer Gondel durch die Kanäle der Altstadt schippern

22
Wie in der Toskana durch die endlose Hügellandschaft wandern

23
In einem Tempel in die Antike reisen

24
Die Abgeschiedenheit auf einer ursprünglichen Insel genießen

25
In Kraterseen schwimmen und einen spuckenden Geysir bestaunen

26
Ein eisiger Spaziergang zu gefrorenen Wasserfällen

27
Ein skandinavisches Hausboot von See zu See steuern

28
Zwischen Backstein-Cafés und bunten Tulpen wie in den Niederlanden

29
Einen traditionsreichen Nachmittag wie in Lappland verbringen

30
Norwegische Baukunst in einer traditionellen Stabkirche erleben

31
Einer wilden Pferdeherde wie in Island auf der Spur

Europa

VENEZIANISCHES HANDWERK UND *gestreifte Pullover*

In einer Gondel durch die Kanäle der Altstadt schippern

BUNDESLAND
Bayern

JAHRESZEIT
Ganzjährig

Ein gestreifter Pulli und ein Strohhut: Das ist die traditionelle Kleidung eines Gondolieres. Neben der richtigen Kleidung gehört auch sein fröhlicher Gesang zum Erlebnis. Wenn die Stimmung passt, singt und paddelt er im Rhythmus. In anderen Momenten ist es ganz still, während die Gondel durch den Kanal gleitet, vorbei an kleinen Häusern, die bis zum Wasser reichen und eigene Anlegestellen haben – gekennzeichnet mit rot-weiß gestreiften Holzpfählen.

Mit jedem Schub, bei dem das lange Paddel schwungvoll auf die Wasseroberfläche trifft, driften die Gedanken weiter weg vom Alltag. Wer hier zum richtigen Zeitpunkt

den Auslöser einer Kamera drückt (und der ist fast immer), hat ein Postkartenmotiv im Kasten. Nicht aber, um Urlaubsgrüße aus Venedig zu verschicken, sondern aus dem fränkischen **Bamberg**.

»Klein-Venedig« dürfen wir trotzdem auf die Postkarte schreiben. Denn so wird hier das Fischerviertel genannt.

Das **Fischerviertel** entlang der Regnitz ist Teil der über 1.000 Jahre alten Bamberger Altstadt. Die hat längst Geschichte geschrieben: Weil sie mehrere Kriege unversehrt überstanden hat und deswegen bis heute ein gut erhaltenes Denkmal an längst vergangene Jahrhunderte ist, zählt die komplette Altstadt als UNESCO Weltkulturerbe. 2.400 Häuser sind geschützt, eines schöner als das andere.

Manche Teile der Altstadt sind auch heute für Autos gesperrt, stattdessen schippern still und ruhig Gondeln durchs Bild.

Die Bamberger Gondeln sind echte Italiener, Venezianer sogar, denn dort wurden sie nach traditionellem Handwerk gebaut.

Die Bamberger Gondolieri aber, Jürgen und Norbert, sind echte Oberfranken. Mit ihren Gondeln, den gestreiften Pullis, den Strohhüten und natürlich einer offiziellen Lizenz wollen sie Venedig nach Klein-Venedig holen.

Die Fahrten auf der Regnitz können die Passagiere individuell buchen, feste Termine und Abfahrtzeiten gibt es nicht. In Klein-Venedig nicht, in Venedig selbst auch nicht. Die Gondolieri von Bamberg sind keine reine Touristenattraktion. Auch Bamberger selbst lassen sich ab und zu durch den Kanal schippern, um ihre Stadt aus einem neuen Blickwinkel bestaunen zu können.

Gut zu wissen

Die Gondelfahrten auf der Regnitz dauern je nach Route zwischen 30 und 60 Minuten. 30 Minuten kosten 60 Euro pro Gondel, sechs Passagiere haben Platz. Buchungen nehmen die Gondoliere über das Gondeltelefon an, weitere Informationen zu ihrem Angebot gibt es online. Mittlerweile gibt es Fahrten auch in Nürnberg.

+49 951 / 120 63 27 • www.gondel.info

Übrigens haben die Bamberger Gondolieri sogar schon in Italien Schlagzeilen gemacht: Verschiedene Zeitungen haben über Klein-Venedig im Norden Bayerns berichtet. Dort, im Norden Bayerns, kommt man aber erst wieder an, wenn die Gondolieri zu singen und zu paddeln aufgehört haben, nachdem die Gondel an einem der rot-weißen Holzpfähle angelegt hat.

ZWISCHEN KIWIS, FEIGEN und *Zitronen*

Wie in der Toskana durch die endlose Hügellandschaft wandern

BUNDESLAND
Rheinland-Pfalz

JAHRESZEIT
Ganzjährig

Die Toskana. Die Region, in der die endlosen Hügel nicht nur bis zum Horizont, sondern darüber hinaus reichen. In der das Gras grüner, die Herbstfarben bunter und der Himmel Abend für Abend röter scheint, wenn die Sonne den Tag verabschiedet.

Die Toskana ist die Region, die zahlreiche Bilder beisteuert, wenn es um Italien im Allgemeinen geht – und eine der beliebtesten italienischen Touristenregionen.

Wer aber hätte gedacht, dass es auch in Deutschland diese eine Region gibt? In der die Hügel endlos scheinen, eine Wiese grüner ist als die andere, der Herbst bunter und die Sonnenuntergänge farbiger. Und genau wie in der Toskana wachsen auch dort Kiwis neben Zitronen, Feigen neben Mandeln. Sogar Palmen wachsen zwischen ganz viel Wein und neben Zypressen. Zypressen – jene schlanken, turmförmigen Bäume, die in keinem klassischen Toskana-Panorama fehlen dürfen. Die gibt es aber neben nicht nur dort, sondern auch in der Pfalz.

Die **Pfalz**, und ganz besonders die Region rings um die 85 Kilometer lange Deutsche Weinstraße, wird gerne als **Pfälzische Toskana** bezeichnet.

Das liegt nicht nur daran, dass es die Römer höchstpersönlich waren, die einst die Weinreben in die Pfalz brachten. Und das liegt auch nicht nur daran, dass das Bild der Pfälzer Landschaft noch heute von den Resten römischer Siedlungen bestimmt wird. Dass die Pfalz der Toskana so ähnlich ist, das liegt am Gesamtbild. Die Gegend entlang der Deutschen Weinstraße strahlt einen für Deutschland einzigartigen Charme aus. Kleine Winzerdörfer umgeben von Rebhängen, Fachwerkstädtchen, grüne Wiesen – all das schmiegt sich entlang der Deutschen Weinstraße in die hügelige Landschaft. Das Klima ist so mild, dass nicht nur Zitrusfrüchte und mediterranes Obst wachsen, sondern schon im März die Mandelbäume blühen. Dank sei dem vorgelagerten Pfälzer Wald, der den Regen abhält, und den vielen Hanglagen, die vor Spätfrost schützen.

Ideale Bedingungen: für den Weinanbau einerseits, für Outdoor-Abenteuer andererseits.

Tagelang könnten wir über die endlosen Hügel laufen oder radeln, während Italien dabei immer näher kommt. Je nach Richtung zwar nur in unserer Vorstellung – die aber ist zwischen den Weinreben, den Zypressen, Palmen, Zitronen und Kiwis täuschend echt.

Wandern auf dem Pfälzer Weinsteig

Auf 170 Kilometern führt der **Pfälzer Weinsteig** von Süd nach Nord durch die mediterrane Hügellandschaft. Dabei haben wir immer wieder weite Ausblicke auf die Rheinebene bis zum Odenwald, Richtung Schwarzwald und zu

Herbstliche Nikolauskapelle Klingenmünster

den Vogesen. Die einzelnen Tagesetappen sind zwischen 13 und 20 Kilometer lang und starten sowie enden jeweils in einem Ort entlang der Route. Tageswanderer können sich also problemlos für einzelne Etappen entscheiden.

www.deutsche-weinstrasse.de/wanderwege

Radeln entlang der Deutsche Weinstraße

Auf knapp 100 Kilometern durchstreift der Radweg in einem ständigen Auf und Ab den westlichen Rand der Rheinebene. Unzählige Winzerhöfe empfangen die Radler mit offenen Toren, auf der Route liegen mehrere Schlösser, Burgen und ehemalige Römersiedlungen. Natürlich ist es auch hier möglich, nur einzelne Etappen zu radeln.

www.deutsche-weinstrasse.de/radweg-deutsche-weinstraße

200 Weinfeste in mediterraner Kulisse

Zum Lebensgefühl der Pfälzer Toskana gehört nicht nur die für Deutschland einzigartige Landschaft, sondern freilich auch der Wein. Oder mehr noch: die geselligen und traditionsreichen Weinfeste in den Dörfern und Städten, zwischen Fachwerk und Palmen. Über 200 solcher Weinfeste finden entlang der Deutschen Weinstraße jährlich statt.

Alle Termine sind in den Weinkalender auf der offiziellen Webseite der Pfalz eingetragen. Dazu im Menüpunkt »Pfalz genießen« unter www.pfalz.de nach *Weinfesten* suchen – und schließlich in das mediterrane Lebensgefühl eintauchen.

www.pfalz.de/de/pfalz-geniessen/weinfeste/weinfestkalender

DIE ALTEN GRIECHEN WÄREN *stolz gewesen*

In einem Tempel in die Antike reisen

BUNDESLAND
Bayern

JAHRESZEIT
Ganzjährig

Der Bräuberg ist gerade einmal 420 Meter hoch. Wenn wir von Norden auf seinen Gipfel schauen, sehen wir einen Hügel wie alle anderen. Einen von denen, die es in der Oberpfalz zuhauf gibt. Doch der Schein trügt, und das wird bei jedem anderen Blickwinkel klar, sogar von weitem schon.

Der **Bräuberg** ist nämlich nicht wie alle anderen. Ja, man kann sogar sagen, dass er Welten vereint.

Die eine, die sich an seinem Fuße befindet: Ausläufer des Bayerischen Waldes, die Donau, die Dächer von Sulzbach und Donaustauf, auf der anderen Seite des Ufers die weiten Flächen der Oberpfalz. Und die andere Welt, in die wir eintauchen, wenn wir durch den Nadelwald auf den Gipfel des Bräubergs laufen. Dann stehen wir auf seinem flachen Plateau plötzlich im antiken Griechenland.

Der Bräuberg ist eine Gedenkstätte, auserkoren vom bayerischen König Ludwig I. Der wollte etwas Besonderes schaffen, etwas völlig Untypisches für diese Gegend – nämlich einen klassizistischen Tempel mit der griechischen Akropolis als Vorbild. Einen Tempel, der über allem thront und schon von weitem zu erkennen ist. Wenn der Blickwinkel stimmt.

Die Oberpfälzer Version des antiken Parthenon heißt **Walhalla**. Kein altgriechischer Name, sondern einer aus der nordischen Mythologie. Walhall steht dort für einen Ruheort gefallener Kämpfer.

Und genau das war es, was König Ludwig I. im Sinn hatte, als er die Walhalla erbauen ließ. Einen klassizistischer Tempel, getragen von 52 Säulen und einem gewaltigen Unterbau. 258 Stufen führen hinauf zu dem Ruhmestempel, der innen und außen mit Marmor verkleidet ist.

Seit 1842 werden dort bedeutende Deutsche und Persönlichkeiten, die mit der Geschichte Deutschlands in Verbindung stehen, in Form von Marmorbüsten und Gedenktafeln geehrt. Aktuell sind es 131 Persönlichkeiten – unter ihnen beispielsweise die deutschen Könige und Kaiser, aber auch Wolfgang Amadeus Mozart, Sophie Scholl, Immanuel Kant, Joseph Haydn und Johann Wolfgang von Goethe.

In ihrem Inneren ist die Walhalla also sehr deutsch. Und doch steckt so viel Antike in ihren Säulen und Stufen, dass es leicht ist, auf dem Bräuberg ins alte Griechenland zu reisen.

Dass der Hügel in der Oberpfalz genug Ähnlichkeit mit dem Burgberg der griechischen Hauptstadt Athen hat, das hat König Ludwig I. vielleicht bei einem Sonnenuntergang im Hochsommer beschlossen.

Denn während die Vögel zwitschernd durch die Säulen jagen, die Grillen ringsum anfangen, die Nacht einzuleiten. Während der erste Stern am Himmel auftaucht und der Sonnenuntergang nicht nur den Himmel, sondern auch den Tempel rot strahlen lässt, da fühlt sich ein Abend mit Sirtaki und Ouzo plötzlich näher an als Blasmusik und Bier in einem Oberpfälzer Wirtshaus.

Gut zu wissen

Die Walhalla ist mit Ausnahme einzelner Feiertage das ganze Jahr über für Besucher geöffnet – erreichbar vom nur zehn Kilometer entfernten Regensburg entweder mit dem Schiff (Zustieg an der Station Steinerne Brücke), oder mit dem Linienbus Nummer 5. Von der Walhallastraße sind es rund 20 Minuten Fußweg über 358 Stufen.

- Walhallastraße 48, 93093 Donaustauf • +49 9403 / 96 16 80 • www.walhalla-regensburg.de

LEBEN IM RHYTHMUS *der See*

Die Abgeschiedenheit auf einer ursprünglichen Insel genießen

BUNDESLAND
Schleswig-Holstein

JAHRESZEIT
Ganzjährig

Wenn das Land zu Ende ist, hört die skandinavische Weite längst nicht auf. Sie reicht weit über die Küsten hinaus, für manche fängt sie dann erst so richtig an: Es ist nicht ungewöhnlich, kleine, bunte Häuschen auf einer winzigen Insel zu entdecken, irgendwo mitten im Ozean, umgeben von genau dieser Weite. Auf der einen Seite das Festland, auf der anderen der Horizont.

Wie kleine Auszeiten sind diese Inseln, wie Schatzinseln umschlossen vom Meer. Ruheoasen, die bestimmt werden vom Rhythmus der Natur, von der Bewegung des Wassers.

Manchmal sind diese Häuschen Feriendomizile, oft aber auch das feste Zuhause von Menschen, die das Einfache lieben, die Abgeschiedenheit.

Ich weiß ja nicht, ob es allen so geht – aber die alten Geschichten, die Sagen vom Leben auf einsamen Inseln, die haben sich in meiner Vorstellung lange im tiefen Norden oder im fernen Süden abgespielt. Einen festen Ort hatte ich für sie nie im Kopf, die Geschichten konnten überall spielen, wo es diese Weite, diese unbezwingbare Natur gibt. Überall, außer vielleicht in Deutschland.

Dass Menschen hier und heute auf kleinen Inseln in der Nordsee leben, abhängig von Ebbe und Flut, die jeden einzelnen ihrer Tage bestimmen. Das habe ich mir lange nicht vorstellen können.

»Schwimmende Träume« hat der deutsche Schriftsteller und Dichter Theodor Storm unsere Halligen einst genannt. Vielleicht, weil ihm die Vorstellung dieser bewohnten, abgeschiedenen und irgendwie auch unberechenbaren Inseln ähnlich unwirklich vorkam wie mir selbst.

Eine Hallig, das ist laut der Definition des Duden eine »kleinere, bei Sturmflut überflutete Insel an der Westküste Schleswig-Holsteins«. Ein einziger, sachlicher Satz. Dabei sind Halligen so viel mehr als Inseln, die immer wieder von der Nordsee verschluckt werden. Das passiert bis zu dreißig Mal pro Jahr – auch denen, die dauerhaft bewohnt sind. In den extremsten Fällen sind die aufgeschütteten Hügel, auf denen die Häuser stehen, das einzige, was noch aus dem Meer ragt.

Eine einzigartige Lebensweise unweit des deutschen Festlandes. Aufzeichnungen aus dem Mittelalter erzählen von mehr als hundert Halligen, heute gibt es noch zehn. Sieben davon sind das ganze Jahr über bewohnt. Die kleinste (Süderoog) von nur zwei Menschen, die größte von 113 (Langeneß).

Die zehn Halligen: Ein Überblick

- **Langeneß** (113 Bewohner, Übernachtung möglich, Fährverbindung)
- **Hooge** (108 Bewohner, Übernachtung möglich, Fährverbindung)

- **Gröde** (8 Bewohner, Übernachtung möglich, Überfahrt nur bei Flut)
- **Nordstrandischmoor** (18 Bewohner, Übernachtung möglich, Fährverbindung)
- **Hamburger Hallig** (unbewohnt, Naturschutzgebiet, über Damm mit Festland verbunden, Übernachtungsmöglichkeit nur auf Wohnmobilstellplatz)
- **Oland** (21 Bewohner, Übernachtung möglich, Fährverbindung)
- **Süderoog** (2 Bewohner, Naturschutzgebiet, nur Tagesausflug)
- **Südfall** (im Sommer von 2 Personen bewirtschaftet, Zutritt nur tagsüber im Rahmen von Führungen)
- **Norderoog** (unbewohnt, Naturschutzgebiet, Zutritt nur tagsüber im Rahmen von Führungen)
- **Habel** (im Sommer von einem Vogelwart bewohnt, Naturschutzgebiet, kein Besuch möglich)

- www.halligen.de

* * *

Die Entstehungsgeschichten der einzelnen Halligen sind übrigens unterschiedlich: Manche sind durch den Wechsel von Flut und Ebbe aufgeschwemmt worden, andere sind Überbleibsel vom Festland oder größeren Inseln, die das Meer nach Sturmfluten nicht wieder hergegeben hat.

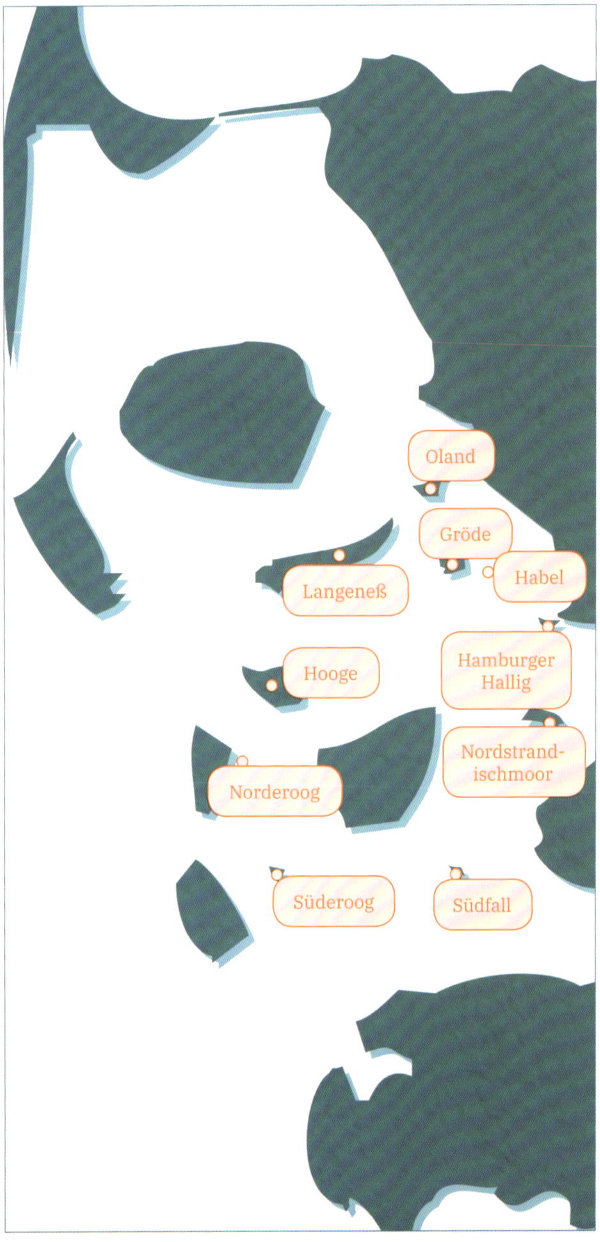

Das Leben der Hallig-Bewohner ist auch heute vom Meer bestimmt. Ihr Alltag an die Gezeiten angepasst.

Ein Leben wie in meiner Vorstellung von einer kleinen, einsamen Insel. Nur, dass die eben nicht unbedingt im hohen Norden oder fernen Süden liegt. Sondern an der deutschen Nordseeküste.

So abgeschieden wie möglich: Eine Auszeit mitten im Meer

Um selbst rauszufinden, was es mit dem Alltag auf einer kleinen Insel auf sich hat, können wir dort sogar übernachten. Außer auf Süderoog ist das auf allen bewohnten Halligen möglich. Die kleinste unter ihnen ist **Gröde**. Nach Gröde gibt es keine Festlandsverbindung – die Hallig kann nur mit Ausflugsschiffen von Pellworm und Schlüttsiel während der recht kurzen Hochwasserzeit erreicht werden. Durch diese Abgeschiedenheit unterscheidet sich Gröde von den umliegenden Halligen. Zwischen März und Oktober können wir eine Ferienwohnung auf einem Hof mieten (mindestens fünf Nächte). Die Vermieter helfen bei der Anreise per Schiff, erreichbar sind sie telefonisch und online.

+49 4674 / 14 48 • www.kolkhalliggroede.wordpress.com

Gröde können wir auch für einen Tagesausflüge erreichen. Allerdings ist die Zeit auf der Insel wegen der Schiffs-Fahrpläne auf rund eineinhalb Stunden beschränkt. Wer die Hallig besuchen möchte, nimmt am besten Kontakt mit Kapitän Uwe Petersen auf.

Westerweg 4, 25899 Galmsbüll • +49 4667 / 367 • www.halligmeerfahrten.de

UNTER DER ERDE *brodelt es*

In Kraterseen schwimmen und einen spuckenden Geysir bestaunen

BUNDESLAND
Rheinland-Pfalz

JAHRESZEIT
Winter

Es zischt und brodelt, es gluckert und dampft. Zwischen den rostroten Steinen kocht eine Schwefelsuppe, die immer wieder Blasen und einen sauren Geruch in die Luft wirft. Ringsum wechseln sich unwirklich grüne Mooshügelchen mit gelben Pfützen und dunkelgrauen Felsen ab. Eine Art natürlicher Patchwork-Teppich. Dieser aber ist ein empfindliches Wunderwerk der Natur. Und kochend heiß.

Und dann plötzlich, alle paar Minuten, schießt mit einem lauten Zischen im Takt der Natur eine kochende Wasserfontäne in die Luft. Der Ausbruch eines Geysirs.

Wer sich zu weit über die Absperrung beugt, dem schlägt der heiße Dampf jetzt mitten ins Gesicht. Aber auch dutzende Meter weiter fühlt sich der Ausbruch an, als würde man einen heißen Backofen öffnen und den Kopf direkt ins Rohr stecken.

Auf Island entstehen Geysire, weil Grundwasser und heißes Magma im Boden nah beieinander liegen. Das Grundwasser in Island ist dadurch in einer Tiefe von nur einem Kilometer stellenweise 240 Grad Celsius heiß. Weil der Boden von tiefen Spalten durchzogen ist, schießen immer wieder Fontänen in den Himmel.

Was dabei unter der Erde passiert, ist ein komplexer Vorgang aus Druck, Tiefe und Temperatur.

Kurz ist es wohl so zu erklären: Überschreitet der Druck im Boden eine bestimmte Grenze, entweicht ein Teil des Wassers binnen Sekunden – dort, wo es vorher noch gebrodelt und gegluckert hat, schießt dann explosionsartig eine Fontäne nach oben. Unter der Erde fällt der Druck dadurch rapide ab, die Kammer füllt sich wieder, das Phänomen beginnt von vorne.

Um solche Naturschauspiele zu erleben, reisen mehr als zwei Millionen Touristen aus aller Welt nach Island. Pro Jahr. Und das auf eine Insel, die gerade einmal so groß ist wie Bayern und Nordrhein-Westfalen zusammen.

Dabei müssen wir das Nordmeer gar nicht queren, um die natürlichen Fontänen zu erleben. Auch die Natur in Deutschland erzählt in manchen Regionen Geschichten von vulkanischer Aktivität. Ein Geysir darf dabei als Höhepunkt nicht fehlen. Das tut er auch nicht:

In **Andernach** im nördlichen Rheinland-Pfalz spukt der einzige Geysir Deutschlands Wasser aus der Erde. Und nicht nur deshalb ist er etwas Besonderes: Im Gegensatz zu den Geysiren auf Island kocht das Wasser nämlich nicht, wenn es aus dem Boden schießt. Der Geysir in Andernach ist ein **Kaltwassergeysir**. Nicht irgendeiner, sondern der höchste der Welt.

Bei einem Kaltwassergeysir entsteht die Explosion nicht wegen eines Zusammenspiels aus Hitze und Druck. Auslöser sind hier verschiedene Gase, zum Beispiel Kohlenstoffdioxid, das aus Magmareservoirs entweicht. Mehrere Hundert Meter unter der Erdoberfläche treffen die

Gase durch Risse im Gestein auf Grundwasser – dann passiert das, was auch in Islands Unterwelt passiert. Nur eben nicht kochend heiß, sondern kalt: An der Stelle, an der sich ein Riss bis zur Oberfläche ausgebreitet hat, löst sich der Druck und die Wasserfontäne schießt in die Höhe.

Das können wir mit einer Mineralwasserflasche vergleichen: Zu viel geschüttelt, zu früh geöffnet, und das Gemisch aus CO_2 und Wasser explodiert, sobald wir den Deckel öffnen und damit den Druck in der Flasche verändern.

In Andernach geschieht das etwa alle zwei Stunden. Dann schießt die Wasserfontäne bis zu 60 Meter in die Höhe.

Mit den isländischen Geysiren kann der Kaltwassergeysir damit allemal mithalten. Sein Ausbruch dauert mit zwölf bis 15 Minuten sogar besonders lang.

Gut zu wissen

Der Geysir in Andernach, am Rheinufer rund 20 Kilometer nördlich von Koblenz, ist nur per Schiffsfahrt erreichbar – um Besucherströme zu regulieren und das besondere Biotop zu schützen, in dem der Geysir ausbricht. Wir können den Geysir zwischen April und Oktober besichtigen, dann legt die Fähre vier Mal täglich am Geysir-Ableger (Steiger 4) am Rheinufer in Andernach ab: 11.15 Uhr, 13.05 Uhr, 15.00 Uhr und 17.00 Uhr. Fahrzeit: rund 15 Minuten. Die Schifffahrt und der Geysir-Besuch sind barrierefrei möglich. Hunde sind auf dem Gelände nicht erlaubt. Parkplätze gibt's an der Konrad-Adenauer-Allee.

- Konrad-Adenauer-Allee 40, 56626 Andernach • +49 26 32 / 958 00 80 • www.geysir-andernach.de

Vom Geysir in die Vulkaneifel

Andernach liegt unweit des UNESCO-Geoparks **Vulkaneifel**. Nirgendwo sonst in Deutschland ist Vulkanismus so ausgeprägt wie hier. Luftbilder der Region erzählen Geschichten aus früheren Zeiten, als vulkanische Aktivitäten die Landschaft geformt haben. Typisch sind zum Beispiel kreisrunde Seen, die überall in der Region verteilt sind. Im Fachjargon heißen diese Seen **Maare**: Das sind bodengleiche Vulkankegel, die nach dem Ausbruch in sich zusammengestürzt und mit Wasser vollgelaufen sind.

In der Vulkaneifel gibt es über 70 solcher Maare, zwölf davon sind heute noch mit Wasser gefüllt. Aus manchen treten nach wie vor Gase aus. Beispielsweise aus dem **Laacher See**, der nur zehn Kilometer vom Geysir in Andernach entfernt liegt.

In anderen dürfen wir hingegen baden: im Meerfelder Maar, Pulvermaar, Schalkenmehrener und Gemündener Maar ist das Schwimmengehen erlaubt.

Gut zu wissen

Die schönsten Panoramablicke auf die Vulkanlandschaft der Eifel haben wir auf verschiedenen Wanderungen.
Eine besondere Route führt auf knapp 17 Kilometern von Manderscheid durch die Wolfsschlucht und den Vulkanpark zum Aussichtsturm Mosenberg und zum **Windsborn Kratersee**. Nach einer Explosion vor 80.000 Jahren hat sich dort Regenwasser gestaut. Am Kraterrand entlang geht es durch das Meerfelder Maar zurück zum Start- und Endpunkt am Maarmuseum in Manderscheid (Wittlicher Straße 11, 54531 Manderscheid). Dauer: rund fünfeinhalb Stunden
Auf dem Tourenportal »Outdooractive« gibt's die gesamte Wandertour samt Details und GPS-Koordinaten zum Download.

- www.outdooractive.com/de/route/wanderung/eifel/windsborn-bergkratersee-und-meerfelder-maar/1548858/#dmdtab=oax-tab4

Weitere Tourenvorschläge gibt's auf der offiziellen Website der Region. www.eifel.info/wandern

UNTER DEM EIS *gluckert es*

Ein eisiger Spaziergang zu gefrorenen Wasserfällen

BUNDESLAND Baden-Württemberg

JAHRESZEIT Winter

Unter unseren Füßen knistert der Schnee, der Atem hängt in kleinen Wölkchen in der Luft. Schon aus der Ferne hören wir es Rauschen und Gluckern. Aber erst, als wir davor stehen, greift die Magie dieser Märchenlandschaft so richtig: In Wasserbecken treiben kleine Eisschollen, von Felsen hängen riesige Zapfen. Ein Mantel aus hellblauem Eis hat sich um das Gestein gelegt, dazwischen und darunter plätschert es in die Tiefe.

Ein Wasserfall im Winter, ein Eisfall, ist vielleicht deshalb so besonders, weil es längst nicht mehr nur um das Wasser geht. Sondern ums Gesamtbild. In diesem Panorama rauscht das Wasser direkt durch die Mitte.

Während die Zehen immer kälter werden und der Tee aus der Thermoskanne dampft, ist es ganz einfach, sich vom Schwarzwald bis in den hohen Norden zu träumen. Nach Island.

Denn das Panorama, das Erlebnis – ein gluckernder Wasserfall in einer stummen Winterlandschaft, mit einem Schal und dem Staunen im Gesicht – das finden wir dort wie hier.

Ganz davon abgesehen, ist der **Triberger Wasserfall** nicht irgendeiner – sondern Deutschlands größter. In der dichten Vegetation des Hochschwarzwalds stürzt er sich 163 Meter eine Felswand hinab. Sieben natürliche Gumpen hat er auf seinem Weg nach unten in den Fels geschliffen, im Winter treiben dort die Eisschollen.

Für Besucher gibt es drei Wege um und über den Wasserfall – mittlerweile gehört dazu auch einen Steg, der außergewöhnliche Perspektiven auf die Kaskaden und Gumpen liefert.

Gut zu wissen

Die Wasserfälle können wir über insgesamt fünf Eingänge erreichen. Neben dem Haupteingang gibt es folgende: Eingang Bergsee, Eingang Scheffelplatz, Eingang auf der Adelheid und den barrierefreien Eingang hinter der Asklepios-Klinik (Ludwigstraße 1, 78098 Triberg). Der Haupteingang zu den Wasserfällen ist von der Triberger Stadtmitte gut zu Fuß erreichbar. Auch im Winter können wir die Wasserfälle täglich besichtigen. Bei Sturm, starkem Schneefall oder Eisregen kann das Areal allerdings kurzfristig gesperrt werden. Aktuelle Infos werden auf der Webseite der Stadt Triberg geteilt.

- Hauptstraße 85, 78098 Triberg im Schwarzwald (Haupteingang) • +49 7722 / 27 24 • www.triberg.de

Uracher Wasserfall

Eine gefrorene Winterlandschaft

Ebenfalls in Baden-Württemberg, zwischen Stuttgart und Ulm, verbergen sich in einem verwunschenen Wald die **Uracher Wasserfälle**. Mit 37 Metern sind die zwar deutlich kleiner als der in Triberg – aber keinesfalls weniger beeindruckend. Während im Sommer in den mit Moos bewachsenen Becken eine breite Wasserwand mündet, schimmert es im Winter zwischen den Bäumen eisblau. Unzählige Eiszapfen hängen wie ein Rock um den Fels, penibel maßgeschneidert von der Natur selbst. Das Wasserbecken ist oft gefroren, die Felsstufen von dickem Eis umschlossen.

Wenn es kalt genug ist, ein eisiger Tag auf den nächsten folgt, dann friert manchmal sogar der Wasserfall im Sturz zu.

Unser Panorama ist dann eine Welt, die stillsteht. Als würde die Natur ihr Liebstes und Schönstes einfrieren, um es wieder zum Leben zu erwecken, sobald die richtige Zeit gekommen ist.

Gut zu wissen

Der Uracher Wasserfall ist jederzeit zugänglich und kostet, im Gegensatz zu dem in Triberg, keinen Eintritt.

Der breite Wanderweg (auch für Kinderwagen geeignet) startet am Wanderparkplatz in Bad Urach (Vorderes Maisental 6, 72574 Bad Urach) und führt entlang des Brühlbachs auf rund zwei Kilometern zum Wasserfall.
Über steile Stufen gelangen wir auf eine Ebene oberhalb des Wasserfalls, von dort starten verschiedene längere Wanderungen. Tourenvorschläge gibt es auf der offiziellen Webseite der Region.
Die Natur, auch das Gestein und Moos, rings um den Wasserfall ist übrigens besonders empfindlich und regeneriert nur langsam. Deshalb ist es wichtig, dass wir auf den gekennzeichneten Wegen bleiben.

- www.badurach-tourismus.de/Wandern

Kapitän im Land der 1.000 Seen

Ein skandinavisches Hausboot von See zu See steuern

BUNDESLÄNDER
Brandenburg, Mecklenburg-Vorpommern

JAHRESZEITEN
Frühjahr, Sommer, Herbst

Einmal selbst Kapitän sein. Die Hände am Steuer, den Blick auf dem Wasser. Der Motor zuckelt, das Boot tuckert, Wind in den Haaren und Freiheit im Kopf. Pläne gibt es keine, und die einzige, große Entscheidung, die heute ansteht, ist eine zwischen einem schönen und dem vielleicht noch besseren Ankerplatz für die Nacht.

Die Vögel werden überall gleich schön zwitschern, immer sind Schwäne unsere Nachbarn, immer sind wir mitten in der Natur.

Dieser Traum spielt sich wieder und wieder in meinem Kopf ab, seit Jahren schon, jedes Mal, wenn ich an Skandinavien im Allgemeinen oder an die Niederlande im Speziellen denke. Und das ist kein Klischee, sondern eine fest verankerte Tradition. Im wahrsten Sinne des Wortes: Schätzungen zufolge liegen in den Niederlanden rund 10.000 Hausboote im Wasser.

Ungefähr ein Fünftel davon in Amsterdams. Viele sind über einhundert Jahre alt, die meisten aber liegen seit der Wohnungsnot der 60er- und 70er-Jahre in den Kanälen. In kaum einem Land ist das Wohnen mit und auf dem Wasser so populär wie in den Niederlanden. Bis heute sind die Boote für viele Bewohner ein festes Zuhause – sie werden aber immer öfter auch für touristische Zwecke eingesetzt. Für alle, die einmal selbst Kapitän sein wollen.

Ich habe mir diesen Traum bisher noch nicht erfüllt. Weil andere Träume größer waren und mich meine Reisen nicht in die Niederlande geführt haben. Was ich viel zu lange nicht wusste: Um mir diesen Traum zu erfüllen, muss ich gar nicht in die Niederlande reisen.

Denn auch, wenn Hausboote nicht als Tradition in der deutschen Geschichte verankert sind, so sind sie es seit ein paar Jahren aber mit der **Mecklenburgischen Seenplatte**.

Das »Land der 1000 Seen«, wie die Mecklenburgische Seenplatte genannt wird, ist für Abenteuer auf einem Hausboot wie geschaffen. Denn genau wie in den Niederlanden sind dort die meisten Seen über Kanäle miteinander verbunden. Ein schier unendliches Mosaik aus verschiedenen Gewässern, das sogar über die Grenzen Mecklenburg-Vorpommerns hinausführt bis nach Brandenburg und Berlin.

Mindestens drei oder vier Wochen würde es dauern, dieses Mosaik aus Wasser mit einem Motorboot zu erkunden. 1.600 Kilometer Strecke liegen vor dem Bug.

Wem das zu lang und zu weit ist, nicht zuletzt wahrscheinlich auch zu teuer, der kann auch nur für ein Wochenende Kapitän sein. Die Auswahl an ganz kurzen und sehr langen Hausboot-Routen ist auf der Mecklenburgischen Seenplatte nahezu unbegrenzt. Und das Gefühl immer dasselbe: Wer am Steuer eines Hausbootes von Anlegeplatz zu Anlegeplatz unterwegs ist, der schippert ohne Umwege in die Freiheit.

Rundtour im schwimmenden Schwedenhäuschen

Sie sind gelb, lila, pink, grau und blau, aus Holz und mit weißen Fensterrahmen. Oder ganz einfach: Sie sehen aus wie schwimmende Schwedenhäuser, die Hausboote von **Bunbo**. Allein ihr Anblick befördert uns nach Skandinavien und das, bevor wir abgelegt haben.

Auf den Booten ist Platz für zwei bis sechs Personen, auch Hunde und Katzen sind willkommen. Die Standorte für die Anmietung verteilen sich über Brandenburg, das Berliner Umland und das Mecklenburger Großseenland. Auf der Webseite von Bunbo gibt es für die einzelnen Reviere (Brandenburg/Plaue, Lindow, Lychen, Zernsdorf und Havelberg) Tourenvorschläge und ein Planungstool – zu finden im Menüpunkt »Reviere«.

Ein Preisbeispiel: Ein Boot für bis zu vier Personen kostet für sieben Tage zwischen 665 und 1.245 Euro.

- Große Mühlenstraße 10, 14774 Brandenburg-Plaue • +49 33 81 / 89 04 60 • www.bunbo.de

Als Kapitäns-Neuling können wir ungefähr 600 Flusskilometer befahren. Und zwar ohne einen Führerschein: Für das Hausboot-Abenteuer reicht die rund zwei- bis dreistündige theoretische und praktische Einweisung, die bei seriösen Vermietern angeboten wird. Danach erhalten wir den Charterschein und die Schlüssel. Das Abenteuer startet.

So viele Flusskilometer wie möglich

Wer von der Mecklenburgischen Seenplatte so viel wie nur irgendwie möglich erkunden will, der hat bei manchen Anbietern die Möglichkeit, das Hausboot an einem anderen Hafen als dem Starthafen abzugeben. Die Option gibt es sowohl auf kurzen wie auf langen Touren.

Ein Anbieter, der Einwegmieten im Programm hat, ist **Locaboat**. Wer auf der Müritz und der Mecklenburgischen Seenplatte unterwegs sein möchte, kann zum Beispiel von Fleesensee nach Fürstenberg tuckern. Auf knapp 200 Kilometern geht es in einer Woche durch endlose Natur, vorbei an Schlössern und Schleusen. Das Reservierungsteam von Locaboat unterstützt bei der Routenplanung je nach den individuellen Wünschen.

- Rehlingstraße 17, 79100 Freiburg • +49 761 / 20 73 70 • www.locaboat.com

Hier lang für die Route von Fleesensee nach Fürstenberg:

- www.bootsreisen24.de/reisemagazin/one-way-tour-von-fleesensee-nach-fuerstenberg

PLÖTZLICH *Holland*

Zwischen Backstein-Cafés und bunten Tulpen wie in den Niederlanden

BUNDESLAND
Brandenburg

JAHRESZEIT
Ganzjährig

Von der Potsdamer Innenstadt aus können wir nach Holland laufen. Und das dauert nicht mehrere Wochen, sondern gerade einmal gemütliche 20 Minuten.

Nach diesem kurzen Spaziergang haben wir zwar keine Grenze überquert, erst recht nicht die zu den Niederlanden – gefühlt aber stehen wir dennoch in einem typisch kreativ-gemütlichen, niederländischen Stadtviertel. Die kleine Schwester von einem Vorort Amsterdams könnte das hier sein, oder auch der Übergang von Stadt in Wohngebiet in Rotterdam.

Was wir in **Potsdam** nach einem kurzen Spaziergang Richtung nördliche Innenstadt aber wirklich erreichen,

ist das **Holländische Viertel**. Hier reihen sich 134 Ziegelstein-Häuser in traditioneller, niederländischer Architektur aneinander. Unverputzt, mit hölzernen Portalen rings um die Eingangstüren, weißen Fensterrahmen und ab und zu sogar mit hohen, geschwungenen Giebeln.

Dass sich dieses Holländische Viertel so echt, so authentisch anfühlt, hat gute Gründe: Schon beim Bau war es die große Vision, mit dem Viertel ein Stück der Niederlande nach Potsdam zu holen.

Grund dafür war einerseits die Liebe von König Friedrich Wilhelm I. zur Kultur unserer niederländischen Nachbarn. Andererseits die Unterstützung zahlreicher Handwerker, die er für die damals anstehende Stadterweiterung brauchte. Diese Handwerker kamen überwiegend aus den Niederlanden – damit sie sich in Potsdam ganz wie zuhause fühlen konnten, begann Mitte des 18. Jahrhunderts der Bau des Holländischen Viertels.

Der Baumeister war natürlich ein Niederländer höchstpersönlich – Jan Bouman kam damals extra aus Amsterdam. Neben seiner fachlichen Expertise hat er auch Eigenschaften mit in den Bau des Holländischen Viertels einfließen lassen, auf die Friedrich Wilhelms I. so sehr gehofft hatte: das niederländische Lebensgefühl, die Gelassenheit, die Freude, die Traditionen und das Handwerk.

Heute ist das Viertel mehr als eine Wohngegend und geprägt von kleinen, persönlichen Läden, Galerien, Werkstätten, Kneipen. Von Restaurants und Cafés, geschmückten Fensterbrettern und gemütlichen Bänken auf Kopfsteinpflaster.

Als wäre das nicht schon genug echtes Holland-Erlebnis, findet im April jährlich ein traditionelles **Tulpenfest** statt. Dann strahlen die Farben des Frühlings vor den roten Steinfassaden, Besucher flanieren durch die Straßen und sitzen draußen in den Cafés und Restaurants.

Im Sommer sind die Straßen voll mit gemütlicher Lebensfreude, der Töpfermarkt jeden September leitet den Herbst ein, gefolgt von **Sinterklaas**, einem niederländischen Weihnachtsmarkt.

Außerhalb der Niederlande gibt es keinen besseren Ort, um das holländische Lebensgefühl zu erleben. Das ist aber nicht nur eine Sache des Gefühls, sondern sogar ein Fakt: Denn das Holländische Viertel ist das größte zusammenstehende Bauensemble holländischen Stils außerhalb der niederländischen Grenzen. Ein Kulturdenkmal mitten in Brandenburg.

Gut zu wissen

Vom Hauptbahnhof Potsdam sind es zu Fuß rund eineinhalb Kilometer zum Holländischen Viertel. Der Weg führt durch die Innenstadt. Alternativ ist das Viertel gut über die Haltestellen Brandenburger Straße und Bassinplatz zu erreichen.
Das nächste Parkhaus ist in der Hebbelstraße 1A, 14467 Potsdam. Restauranttipps und eine Übersicht über die nächsten Veranstaltungen gibt's auf der Webseite des Holländischen Viertels.
- www.hollaendisches-viertel.com

MIT RENTIEREN *im Birkenwald*

Einen traditionsreichen Nachmittag wie in Lappland verbringen

BUNDESLAND Hessen

JAHRESZEIT Winter

Das Schafsfell, meine natürliche Sitzheizung, kann ich kaum mehr erkennen. Über die Kilometer hat es sich in einen Teppich aus hunderten kleinen Schneekügelchen verwandelt. Die sind von der Seite angeflogen, von oben, von unten, haben sich im Wind geformt, kleben überall.

Ich sitze also auf einem Teppich aus Schnee. In jeder Kurve und mit jeder Bodenwelle rutsche ich samt Teppich einen halben Meter nach links oder nach rechts. Würde ich mir dabei nicht jedes Mal Knie oder Ellbogen anschlagen, könnte ich gar nicht glauben, dass das hier wahr ist.

Vielmehr könnte das alles eine Szene sein, in die ich mich schon als kleines Mädchen geträumt habe. An Weihnachten, nachdem ich einen Zeichentrickfilm mit Nikolaus, Elfen und unendlichen Schneelandschaften angeschaut habe: Ich, auf einem Schlitten, das Holz knarzt, im Wald hängt der Winter. Gezogen wird dieser Schlitten von zwei Rentieren. Eines weiß, eines hellgrau, beide mit samtig flauschigen Geweihen. Leise schnaubend traben sie durch den Wald und schicken mit jedem Schritt ein Atemwölkchen hoch in den nordischen Himmel.

Es ist noch früh am Nachmittag, trotzdem dämmert es. Am grauen Himmel nähert sich die Sonne als milchiger Ball dem Horizont.

Die Rentiere gehören Jussi, er ist Landwirt hoch oben im finnischen Teil Lapplands, und gerade auch Schlittenführer. Wahrlich liebevoll redet er mit den Tieren, flüstert ihnen immer wieder ein sanftes *»jatka, jatka«* nach vorne, begleitet von *»hyvä, hyvä«* – »Weiter, weiter. Gut, gut.«

Ich bin nicht sicher, ob Jussi wirklich so leise spricht, oder ob nicht die dichte Schneedecke um uns herum jedes Geräusch schluckt, noch bevor es entstehen kann.

Am liebsten würde ich ihn das alles fragen: warum er in Gegenwart seiner Tiere immer zu flüstern scheint. Warum er sie selten im Gesicht streichelt, öfter aber behutsam über das Geweih fährt. Überhaupt, wie es sich so lebt, mit ein paar Hundert Rentieren in einem Wald nördlich des Polarkreises.

Ich aber spreche kein Finnisch, Jussi nur ein paar Worte Englisch. Und die haben wir aufgebraucht.

Wer hätte gedacht, dass es ausgerechnet mitten in Deutschland die Möglichkeit gibt, all diese Fragen zu stellen? Zu Rentieren und zur Kultur der Sami, der Urbevölkerung Lapplands. Das märchenhafte Erlebnis drum herum – der Schnee, der Schlitten, die Rentiere mit dem samtigen Geweih – auch das gehört hier zu unserem Erlebnis.

Renrajd vualka. Das bedeutet übersetzt so viel wie »sich mit einem Rentierschlitten auf den Weg machen«. Außerdem ist es der Name eines Stückchen Lapplands, das sich nördlich von **Kassel** verbirgt. In einem Birkenwald, in dem schon vor über 400 Jahren eine Sami mit ihren Rentieren lebte, setzt heute ein Paar diese Kultur fort.

Sobald wir durch den Birkenwald auf die ersten samischen Nomadenzelte zulaufen, wächst die Entfernung zu

Kassel mit jedem Schritt um ein paar hundert Kilometer. Für die kurzen, kalten Wintertage gibt es vor den Nomadenzelten eine Feuerstelle samt Ofen, dahinter zappelt die Flagge der Sami im Wind. Dieselbe, die ich schon bei Jussi im Schuppen, in seinem Flur und als Aufnäher auf seiner Jacke entdeckt hatte.

Im Hintergrund schnauben die Rentiere, immer wieder knackst der Waldboden unter ihren Hufen.

Renrajd vualka fühlt sich dabei nicht nur an wie ein Fleckchen Lappland, sondern soll genau das auch sein:

Es gibt eine Ausstellung zur Kultur und den Traditionen der Sami, Geschichten am Lagerfeuer, einen Brotback Kurs nach alter Tradition. Am längsten Tag des Jahres findet zwischen den Nomadenzelten im Wald ein Midsommer-Fest statt. Und natürlich werden die Rentiere ab und zu vor einen Schlitten gespannt.

Gut zu wissen

Der Birkenwald von Renrajd vualka liegt am Rande des **Tierparks Sababurg**. Der Zugang zum Gelände erfolgt durch den Tierpark – vom Haupteingang sind es gut 20 Minuten Gehzeit.
Die Schlittentouren finden zwischen September und April immer samstags statt, können unabhängig davon aber auch individuell gebucht werden. Die Anfragen werden entweder online oder telefonisch entgegengenommen.

- Sababurg 1, 34369 Hofgeismar • +49 171 4 22 49 29 • www.renrajd.com

DEN WIKINGERN *auf der Spur*

Norwegische Baukunst in einer traditionellen Stabkirche erleben

BUNDESLAND
Niedersachsen

JAHRESZEIT
Ganzjährig

Genau wie die Berge und Fjorde, der Schnee und das Eis im Winter und die endlosen Tage im Sommer. Die Elche, das Meer, Waffeln, rote Häuser und mystische Sagen mit Trollen und Riesen. Genau so gehören auch Stabkirchen zu Norwegen, früher wie heute, erbaut in traditioneller Handwerkskunst der Wikinger.

Eine Stabkirche besteht aus Tausenden Einzelteilen hochwertiger Hölzer, aufwendig geschnitzt und beeindruckend verziert. Forscher glauben, dass es in Norwegen einst knapp 2.000 Stabkirchen gab. Bis heute sind gerade einmal 28 geblieben.

Die sind sowohl für die Norweger selbst, für ihre Geschichte und Traditionen, als auch für alle Besucher von umso größerer Bedeutung. Wer in Norwegen unterwegs ist, der kommt kaum drum herum, eine Stabkirche zu bewundern und nach all den Details zu suchen, die an Wikinger und ihre Schiffe erinnern.

Während wir asiatische Tempel und Moscheen besuchen, um mit jedem Atemzug ein bisschen mehr von einer fremden Kultur zu inhalieren, so tauchen wir in dem hölzernen Innenraum einer norwegischen Stabkirche in die raue Zeit der Wikinger ein.

Allerdings nicht nur in Norwegen, sondern auch in Deutschland.

Unweit des **Nationalparks Harz**, im Wald nahe **Goslar** in Niedersachen, da steht auf einer Lichtung eine Stabkirche.

Vorbild für die **Gustav-Adolf-Stabkirche** in Hahnenklee ist die Kirche von Borgund in norwegischen Provinz Vestland. Sie gilt als eine der herausragendsten Beispiele traditioneller Stabbaukunst und ist eines der ältesten Holzgebäude Europas.

Wenn das Licht durch die kleinen Bullaugen nach drinnen fällt und das gesamte Innere anfängt, die warmen Sonnenstrahlen zu reflektieren, dann sind sich die Stabkirchen von Goslar und Borgund zum Verwechseln ähnlich. Wenn auch die deutsche Variante gut 700 Jahre jünger ist.

Nach nur zehn Monaten Bauzeit wurde die Gustav-Adolf-Stabkirche in Hahnenklee 1908 mit einem feierlichen Gottesdienst eingeweiht. Mit ihren 240 Sitzplätzen ist sie deutlich größer als die meisten ihrer norwegischen Vorbilder. Die Größe ist es aber ohnehin nicht, was hier zählt. Es sind die Details, die aufwändige Bauweise, die Stimmung, die das Erlebnis ausmachen.

Die Fenster, Bullaugen, wie sie die Wikinger in ihre Schiffe eingebaut hatten, lassen viel Licht in den hölzernen Innenraum. Hoch oben am Gebälk hängt ein Kronleuchter in der Form eines Schiffssteuerrads. Schnitzereien aus verschiedenen Hölzern formen Gemälde. Und draußen, an jedem First des kleinteiligen Daches, wacht ein Drache über die Kirche wie eine Galionsfigur über ein Schiff.

Das Glockenspiel im höchsten Turm erklingt heute noch in Handarbeit. Das Hahnenkleer Carillon zieht Besucher aus ganz Deutschland an und wurde sogar schon im Fernsehen übertragen. Wenn die 49 Bronzeglocken mit ihren zweieinhalb Tonnen Gewicht klingeln, dann ist das wie die Musik aus einer nordischen Sage. Und die Kulisse, die passt perfekt.

Gut zu wissen

Die Gustav-Adolf-Stabkirche ist das ganze Jahr über für Besucher geöffnet. Immer sonntags wird ein evangelisch-lutherischer Gottesdienst gehalten, von Mai bis Oktober findet jeden Donnerstagabend ein Konzert statt. Der nächste Parkplatz ist der am Bocksberg.

- Professor-Mohrmann-Weg 1, 38644 Goslar • +49 5325 521 41 79 • www.stabkirche.de

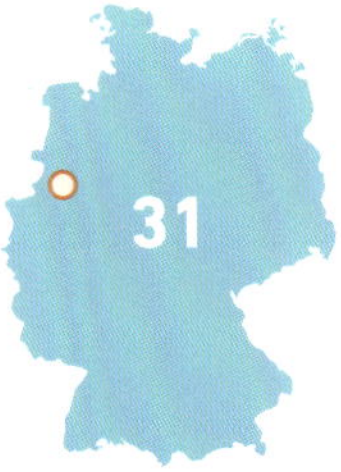

DIE LETZTEN *Wilden*

Einer wilden Pferdeherde wie in Island auf der Spur

BUNDESLAND
Nordrhein-Westfalen

JAHRESZEITEN
Frühjahr, Sommer, Herbst

Immer wieder sind wilde Pferde vor uns aufgetaucht. Umhüllt von Nebel, hinter den Felsen in der Morgendämmerung. Vor den Gletschern im kargen, isländischen Hochland.

Zwischen den Hügeln an der Küste und im wütenden Regen, als ich mir sicher war, dass wir ganz alleine sind. Um uns herum nichts als die wilde, raue Natur weit nördlich des 64. Breitengrades. Doch auch dort standen plötzlich Pferde vor uns, manchmal wie aus dem Nichts. Haben uns fragend angeschaut, verwundert, woher wir mit unseren Fahrrädern nur kommen und was wir hier machen, in ihrer abgeschiedenen Welt.

Vor allem in den Momenten, in denen Island es uns nicht leicht gemacht hat, seine raue und unberechenbare Mitte mit dem Fahrrad zu durchqueren, waren diese Begegnungen mit wilden Pferden eine echte Aufmunterung für mich. Und der Beweis, dass wir doch nicht so ganz alleine sind, dass es Leben gibt in dieser Landschaft, die sich oft alles andere als lebensfreundlich zeigt.

Island und wilde Pferde – das gehört seither für mich zusammen. Dabei sind die Herden, denen wir dort begegnet sind, nur im Sommer wild. Nämlich dann, wenn die Züchter und Landwirte die Tiere losschicken, sie frei laufen lassen, bis der isländische Winter einbricht.

Um wirklichen Wildpferden zu begegnen, solchen, die das ganze Jahr über als Herde im Freien ohne den Eingriff von Menschen leben, müssen wir gar nicht weit reisen. Die gibt es nämlich in **Dülmen** in Nordrhein-Westfalen. Und zwar schon seit einigen Jahrhunderten.

Zum ersten Mal dokumentiert wurden die Dülmener Wildpferde im Jahr 1316. Weil ihr Lebensraum mit den Jahrhunderten immer kleiner wurde, schrumpfte ihr Bestand drastisch. Im 19. Jahrhundert gab es nur noch 40 bis 50 Wildpferde, sie waren vom Aussterben bedroht.

1847 hat Herzog Alfred von Croy die Notbremse gezogen – und ein geschütztes Reservat eingerichtet, in dem die Wildpferde heute noch leben. Obwohl ihr Lebensraum deutlich kleiner ist als vor ein paar Jahrhunderten, hat sich ihr Bestand erholt. Mittlerweile leben zwischen 350 und 400 Wildpferde im **Naturschutzgebiet Wildpferdebahn** im Merfelder Bruch.

400 Quadratmeter Moor- und Heidegebiet sind ihr geschütztes Zuhause. Zwischen Heideflächen, Nadelwäldern und Eichen leben die Pferde weitestgehend ohne menschlichen Einfluss. Sie sind sich selbst überlassen, leben nach ihren Instinkten, von und in der Natur.

Nur in besonders harten Wintern wird an manchen Stellen Heu zugefüttert, damit die Pferde nicht die Knospen der Bäume fressen müssen. Im Gegensatz zu den vergangenen Jahrhunderten kann die Herde schließlich nicht weiterziehen, um neue Nahrung zu finden.

Das große Ziel, die Vision im Hintergrund ist es, die Art der Dülmener Wildpferde langfristig zu schützen und ih-

ren Erhalt zu sichern. Sie sind die letzte Wildpferdeherde Europas.

Zu dieser Vision gehört auch Aufklärungsarbeit: Besucher haben die Möglichkeit, die Dülmener Wildpferde von Spazierwegen außerhalb des Reservates zu beobachten.

Gut zu wissen

Die Wildpferdebahn, wie das Naturschutzgebiet im Merfelder Bruch heißt, liegt rund zwölf Kilometer westlich von Dülmen, an der Landstraße L600 von Dülmen nach Borken. Die Zufahrtsstraße heißt »Zur Wildpferdebahn«, es gibt einen Wegweiser an der Landstraße. Der Parkplatz samt Picknickareal befindet sich direkt auf dem Gelände der Wildpferdebahn im Merfelder Bruch.
Koordinaten des Parkplatzes: N 51.838560, E 7.137511.
Die Wildpferdebahn ist von März bis November am Wochenende und an Feiertagen geöffnet.
Außerhalb der regulären Öffnungszeiten können sich Besuchergruppen ab zehn Personen den Führungen der Försterin anschließen. Terminvereinbarung telefonisch unter +49 170 3478005.

32
Einen funkelnden Nachthimmel wie in der Wüste bewundern

33
Biwakieren zwischen Felsen und Schluchten wie im Oman

34
In beeindruckenden Moscheen in 1001 Nacht abtauchen

35
Unterirdische Höhlen erkunden

Naher Osten

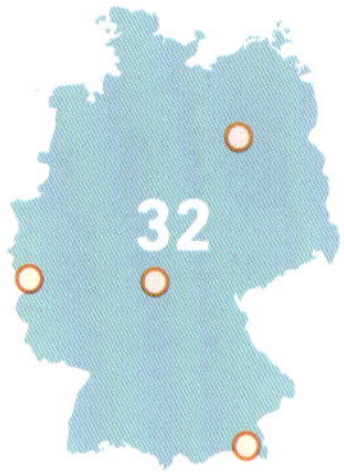

DEUTSCHLANDS *dunkelste Orte*

Einen funkelnden Nachthimmel wie in der Wüste bewundern

BUNDESLÄNDER
Bayern, Brandenburg, Nordrhein-Westfalen

JAHRESZEIT
Ganzjährig

Die Wüste ist für mich die Superlative an Kontrasten: Tagsüber ist es glühend heiß, nachts im Vergleich unnatürlich kühl. In diesem Meer aus Sand sprießen immer wieder weiße und pinke Blumen aus den Dünen, manchmal auch Büsche oder einzelne Bäume. Die krallen sich mit ihren Wurzeln in einen losen Untergrund, in dem es aus unserer Sicht nichts gibt, was diese Pflanzen am Leben halten kann. Und überhaupt: Soweit wir in der Wüste blicken können, sehen wir kein Wasser, keine Nahrung – im nächsten Moment aber fällt unser Blick auf Leben. Schlangen, Skorpione, Käfer – Leben mitten in der Lebensfeindlichkeit.

Jede Nacht erwacht die Wüste in einer ganz neuen Magie. Wenn der Sand plötzlich kühl und feucht ist, die Stille unendlich, und wir statt einfarbigen Dünen plötzlich Millionen Sterne am Himmel funkeln sehen.

Genau diese Stunden, diese Blicke in den Nachthimmel voller Sterne sind es, die mich nach jeder Reise in die Wüste tief beeindruckt zurückgelassen haben.

Etliche Stunden und ganze Nächte habe ich damit verbracht, in den Sternen über der Wüste nach Bildern zu suchen. Das war in Tunesien, als ich mit Berbern und einer kleinen Expeditionsgruppe zehn Tage lang durch die Sahara gewandert bin und Nacht für Nacht mit meinem Schlafsack unter freiem Himmel geschlafen habe. Das war im australischen Outback, als ich begriffen habe, dass ich weiter von Zuhause nicht weg sein könnte – die Entfernung aber in Vergleich zu allem, was am Nachthimmel passiert, nicht mehr ist als ein Steinwurf. Das war im Oman und der Namib-Wüste. Als ich stundenlang auf Jupiter, Saturn, auf Mars und allerlei Sternbilder gewartet habe, die der helle Mond irgendwann einfach verschluckt hat.

Das wirklich Magische ist dann aber zuhause passiert. In einer glasklaren und finsteren Nacht in den Alpen, in der ich plötzlich all die Bilder funkeln gesehen habe, die ich aus den Nächten in der Wüste kannte. Sogar der Mars leuchtete sanft-orange. Und der Sternenhimmel war dichter gespickt, funkelte mehr als in dieser Nacht in der Rimal-Al-Wahiba-Wüste im Oman.

Seitdem weiß ich: Wenn ich die Wüste vermisse, und das passiert sehr regelmäßig, dann kann ich diese Sehnsucht zumindest ein klein bisschen stillen. Und zwar in Deutschland. Am besten in **Sternenparks**.

Diese Sternenparks lösen zwar keine Fata Morgana aus, wenn die Sonne stundenlang ohne Erbarmen auf den Sand brennt. Und dort kann ich auch nicht mit Anlauf die Dünen runterspringen und feinen, heißen Sand durch meine Finger rinnen lassen.

Aber die Magie, die eine Wüste in der Nacht bereithält, die kann ich in Sternenparks nachempfinden. Denn auch dort funkeln Tausende Sterne am Firmament, Sternennebel sind mit bloßem Auge erkennbar und das weiße Band der Milchstraße zieht sich über den gesamten Himmel.

Im Westhavelland funkelt der Nachthimmel. ▸

Allein die Milchstraße beherbergt mehr als hundert Milliarden Sterne und mindestens ebenso viele Planeten.

So einen Blick in den nahezu natürlichen Nachthimmel bieten nur noch wenige Orte außerhalb der großen Gebirge, Steppenlandschaften und Wüsten unserer Welt. Die International Dark-Sky Association (IDA), die sich seit 30 Jahren gegen Lichtverschmutzung engagiert, hat bis heute weltweit rund 130 Regionen und Orte aufgelistet, in denen künstliches Licht gebannt und der dunkle Nachthimmel geschützt wird. Um als Sternenpark zertifiziert zu werden, müssen diese Regionen nicht nur besonders dunkel sein, sondern den natürlichen Nachthimmel aktiv schützen.

Vier dieser ausgewiesenen Sternenparks liegen in Deutschland.

Brandenburg

Sternenpark Westhavelland

Deutschlands erster Sternenpark liegt in Brandenburg, etwa 70 Kilometer westlich von Berlin. Obwohl die Hauptstadt so nahe ist, können wir in der etwa 40 Quadratkilometer großen Kernzone zwischen Gülpe und Nennhausen beobachten, wie nach Sonnenuntergang Sterne, Kometen oder sogar die Raumstation ISS ihre Bahnen ziehen.

Besonders die nördliche Hälfte des **Sternenparks Westhavelland** ist außerordentlich dunkel, weil die Gegend dünn besiedelt ist und keine größeren Orte in der Nähe sind. Die dunkelste Region liegt zwischen den Orten Parey, Joachimshof, Dreetz und Kriele.

Für Sternengucker gibt es zehn ideale Beobachtungsplätze – ganz ohne Öffnungszeiten und Eintrittsgebühren:

Zootzen: N 52.786901, E 12.609480
Südlich von Spaatz: N 52.685701, E 12.297415
Zwischen Parey und Gülpe: N 52.693801, E 12.230805
Nördlich des Gülper Sees: N 52.751903, E 12.272470
Südlich von Joachimshof: N 52.813230, E 12.263094
Südlich von Rübehorst: N 52.785688, E 12.317483

Plätze in Ortsnähe mit Infrastruktur:
Kleßener See: N 52.734697, E 12.480468
Sportplatz Gülpe: N 52.723750, E 12.223000

Plätze in Bahnhofsnähe:
Bahnhof Nennhausen: N 52.600149, E 12.493631
Bahnhof Friesack: N 52.755455, E 12.582277

Eine Übersicht mit allen Details gibt's auf der Webseite des Sternenparks Westhavelland: auf www.sternenpark-westhavelland.de unter dem Menüpunkt »Beobachtungsplätze«.

- www.sternenpark-westhavelland.de/sternenpark-1/beobachtungspl%C3%A4tze-1

Rund um den Nachthimmel gibt es übers Jahr verteilt verschiedene Veranstaltungen wie Vollmondspaziergänge und Mondscheinpaddeln. Thomas Becker vom Natur- und Sternenpark Westhavelland ist Hobbyastronom und bietet nächtliche Touren an. Anmeldung per E-Mail oder telefonisch.

- info@zumnordlicht.com • +49 176 78 93 52 81

Hessen

Sternenpark Biosphärenreservat Rhön

In Deutschlands Mitte öffnet der **Sternenpark Rhön** das Fenster ins Universum. Die Dörfer im Dreiländereck Thüringen, Hessen und Bayern liegen in Tälern, deshalb bieten nicht nur die sechs ausgewiesenen Sternenguckplätze einen magischen Blick in den Nachthimmel. In klaren, mondlosen Nächten sind neben einigen tausend Sternen und der Milchstraße auch das Zodiakallicht und andere schwache Himmelsobjekte sichtbar.

Eine Übersicht aller Beobachtungsplätze gibt's auf der Webseite des Biosphärenreservats Rhön. Auf www.biosphaerenreservat-rhoen.de unter dem Menüpunkt »Natur« den *Sternenpark Rhön* auswählen. Manche Plätze sind sogar mit Liegen und Infotafeln ausgestattet.

Ein ganz besonderer ist die Beobachtungsplattform auf der Hohen Geba auf 740 Metern über Null. Koordinaten: N 50.588687, E 10.270676. Geparkt wird auf der Kiesfläche nebenan.

Die Sternenführer des Vereins Sternenpark Rhön stehen auch für individuelle Führungen bereit, etwa in Fulda, der größten Stadt im Sternenpark, die sich »erste Sternenstadt Deutschlands« nennen darf.

- Bubenbader Straße 6, 36145 Hofbieber-Danzwiesen • info@verein-sternenpark-rhoen.de • www.verein-sternenpark-rhoen.de

Nordrhein-Westfalen

Sternenpark Nationalpark Eifel

Eine »Insel der Dunkelheit« nennt der Astronom Harald Bardenhagen den 110 Quadratkilometer großen **Sternenpark Nationalpark Eifel**. Denn der Sternenpark im bevölkerungsreichen Nordrhein-Westfalen ist von hellen Städten und sogar einem Flughafen umzingelt. Besonders am Südrand des Gebiets um das Dorf Hellenthal-Udenbreth gibt es dennoch besonders dunkle Plätze, an denen der Nachthimmel funkelt.

Die Astronomie-Werkstatt **Sterne ohne Grenzen** bietet regelmäßig Führungen und Veranstaltungen an der Sternenwarte Vogelsang an.

▬ Sülzgürtel 42, 50937 Köln • +49 221 / 282 98 82 • www.sterne-ohne-grenzen.de

Bayern

Sternenpark Winklmoosalm

Mit bis zu 6.000 sichtbaren Sternen punktet der **Sternenpark Winklmoosalm** bei Reit im Winkl als deutscher Hotspot der Himmelsbeobachtung. Vor allem im Sommer und Herbst können wir sogar die unterschiedlichen Farbschemen der Milchstraße im Detail erkennen. Das Almgebiet in den Chiemgauer Alpen breitet daneben ein beeindruckendes Gebirgspanorama auf 1.200 Metern Höhe aus.

Die ersten Liegen zum Sternegucken sind am Parkplatz auf der Anhöhe neben der großen Kirche auf der Winklmoosalm aufgestellt. Koordinaten des Parkplatzes: N 47.657492, E 12.579449. Von dort aus führt ein Rundweg vorbei an Sonnenalm und Winkelmoosalm und zurück zum Parkplatz. Unterwegs gibt es zwei weitere Beobachtungsplätze mit Liegen. Zwischen Mai und Oktober werden wöchentlich Sternführungen auf der Winklmoos-Alm angeboten, auch individuelle Termine sind möglich.

▬ +49 174 / 304 90 99 • www.abenteuer-sterne.de

Beobachtungstipps für die schönsten Sternenhimmel

Damit wir möglichst viele Sterne erkennen können, sollten wir frühestens eineinhalb Stunden nach Sonnenuntergang starten. Je kleiner der Mond, desto besser.
Von Ende Mai bis Ende Juli sind die Nächte durch die Mitternachtsdämmerung nicht komplett dunkel. Die Nacht am 21. Juni ist nicht nur die kürzeste, sondern auch die hellste.
Unsere Augen brauchen ungefähr 15 Minuten, um sich an vollkommende Dunkelheit zu gewöhnen. Am meisten sehen wir dann, wenn wir die Taschenlampen ausgeschaltet lassen. Falls wir doch ein wenig Licht brauchen, am besten Richtung Boden leuchten oder rotes Licht verwenden. Diese Funktion haben auch viele Stirnlampen. Für die Anfahrt mit dem Auto gilt: Fernlicht ausgeschaltet lassen.

NACHTS UNTER *freiem Himmel*

Biwakieren zwischen Felsen und Schluchten wie im Oman

BUNDESLAND
Sachsen

JAHRESZEITEN
Frühjahr, Sommer, Herbst

Im südlichsten Eck der Arabischen Halbinsel haben wir zwei Wochen verbracht. Im Oman – dem Land, in dem die Wüste auf den Ozean trifft und schroffe Berge auf palmenbesetzte Oasen.

Unter all den Nächten, die wir dort verbracht haben, ist mir eine ganz besonders in Erinnerung geblieben: Die eine Nacht, die wir unter freiem Himmel in einem Canyon übernachtet haben. Auf dem warmen, glatten Fels, tief hinten in einer Schlucht. Die hätte überall auf der Welt sein können, denn das Besondere an diesem Erlebnis war die Sorglosigkeit. Wir wussten, es wird keine unangenehmen Überraschungen geben, weder durch wilde Tiere noch

durch andere nächtliche Gäste. Denn der Oman ist ein Paradies für Wildcamper. Zelten und Übernachten genau dort, wo man es am schönsten findet, ist fast überall im Land erlaubt. Junge Omani, die ihre Wochenenden gerne draußen an den schönsten Plätzen verbringen, haben den Trend geschaffen. Reisende machen es ihnen nun nach.

Damit aber müssen wir gar nicht warten, bis wir in den Oman reisen. Übernachten unter freiem Himmel, biwakieren, können wir auch in Deutschland.

Wildes Zelten in der Natur, ganz besonders in Naturschutzgebieten, ist hier streng verboten. Und auch Biwakieren außerhalb von Schutzgebieten eine sensible Grauzone und offiziell nicht erlaubt. Trotzdem gibt es mittlerweile Möglichkeiten, eine Nacht unter freiem Himmel zu verbringen. Sorgenfrei, unbeschwert, legal, in Deutschland: Und zwar auf sechs verschiedenen Biwakplätzen, mitten in der beeindruckenden Landschaft des **Elbsandsteingebirges**. Zwischen den Tafelbergen, skurrilen Felsformationen, dichten Wäldern und wilden Schluchten.

Diese ausgewiesenen Biwakplätze liegen in der **Sächsischen Schweiz** am Rande der tschechischen Grenze. Ungestört, nur zu Fuß oder mit dem Fahrrad erreichbar. Rund 30 Kilometer südöstlich von Dresden, entlang des Forststeigs Elbsandstein.

Dieser recht anspruchsvolle Weitwanderweg führt auf über hundert Kilometern durch die Sächsisch-Böhmische Schweiz – vom Landschaftsschutzgebiet Schöna über Ostrov auf böhmischer Seite bis nach Bad Schandau. Je nach Kondition sind Wanderer auf dem Forststeig Elbsandstein vier bis sieben Tage lang unterwegs.

Bei der Planung des Steigs war ein Kriterium besonders wichtig: Die Route sollte möglichst fernab der Zivilisation verlaufen. Dementsprechend wild ist die Gegend um die Biwakplätze. Dennoch können diese auch einzeln erreicht werden, zum Beispiel nach einer Tageswanderung.

Und weil man sich im Elbsandsteingebirge weniger auf sonnige Tage und trockene Nächte verlassen kann als im Oman, gibt es auf jedem Biwakplatz eine kleine Schutzhütte, in die wir uns bei schlechtem Wetter zurückziehen können. Außerdem gehören zur Ausstattung: eine Sitzgelegenheit und eine Komposttoilette.

Was es nicht gibt, ist Toilettenpapier, Trinkwasser, Mülleimer – und teilweise auch keinen Handyempfang.

Aber wer braucht den schon? Wenn die Sterne funkeln, die Blätter rascheln und wir jeden Moment die Gelegenheit haben, mehr von diesem unvergesslichen Erlebnis in unserem Gedächtnis abzuspeichern.

Zschirnstein-Biwak

- Die Koordinaten: N 50.851028, E 14.177583
- Start zum Beispiel in Kleingießhübel oder Schöna

Taubenteich-Biwak

- Die Koordinaten: N 50.835694, E 14.128028
- Start zum Beispiel in Rosenthal oder Cunnersdorf

Spitzstein-Biwak

- Die Koordinaten: N 50.879056, E 14.085500
- Start zum Beispiel in Bieltal oder Cunnersdorf

Nikolsdorf-Biwak

- Die Koordinaten: N 50.901333, E 14.036778
- Start zum Beispiel in Königstein

Zehrborn-Biwak

- Die Koordinaten: N 50.812611, E 14.057472
- Start zum Beispiel in Bielagrund

Quirl-Biwak

- Die Koordinaten: N 50.900861, E 14.067139
- Start zum Beispiel in Pfaffendorf

Genaue Wegbeschreibungen zu den einzelnen Biwakplätzen und Informationen zur jeweiligen Ausstattung gibt's unter www.forsteig.sachsen.de im Menüpunkt »Waldübernachtung«.

- www.forststeig.sachsen.de/biwakplaetze-3986.html

Gut zu wissen

Übernachtungen auf den Biwakplätzen im Elbsandsteingebirge sind von April bis Oktober erlaubt. Um die Plätze zu nutzen, brauchen wir ein Trekkingticket. Alle Verkaufsstellen sind online aufgelistet: www.forststeig.sachsen.de.
Offenes Feuer ist im Elbsandsteingebirge nur an dem Taubenteich-Biwak in der dafür vorgesehenen Feuerstelle erlaubt, in den anderen Camps ist Feuermachen verboten.

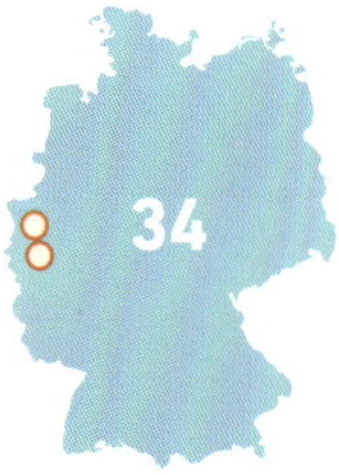

GOLDENE SCHRIFT UND *geschwungene Wände*

In beeindruckenden Moscheen in 1001 Nacht abtauchen

BUNDESLAND
Nordrhein-Westfalen

JAHRESZEIT
Ganzjährig

Dass ich zum allerersten Mal einen Muezzin zum Gebet hab rufen hören, ist mittlerweile viele Jahre her. Die knisternde Stimme hallte damals vom Minarett in einem tunesischen Dorf durch die Gassen bis zu den Sanddünen am Horizont. Obwohl der Ton viel mit einer Blechbüchse gemein hatte, so klang er dennoch wie aus einem Märchen. Noch heute, obwohl ich diesen Ruf mittlerweile zu gut kenne, überrascht mich die Intensität immer wieder.

Ich liebe diesen Moment, der für mich nicht arabischer sein könnte, der mich jedes Mal in den Nahen und Mittleren Osten befördert, einen Hauch Orient durch die Luft pustet.

Das funktioniert immer, egal wo auf der Welt ich stehe – selbst dann, wenn der Deutsche Winter die Luft um mich herum zum Klirren bringt.

Wer einen Muezzin zum Gebet rufen hört, der kann sich sicher sein, dass die nächste Moschee nicht weit ist. Nicht immer stehen die für Besucher offen, es gibt aber auch solche, die Gäste außerhalb der Gebetszeiten herzlich empfangen. Dann ist die Reise in eine andere Kultur garantiert.

Sobald wir die Schuhe ausziehen und durch die Pforte in einen der großen Gebetsräume schleichen, tauchen wir in eine neue, faszinierende Welt ein.

Das muss nicht unbedingt in einem arabischen Land passieren – denn mittlerweile gibt es sie auch in Deutschland: große Moscheen, Tore in eine andere Kultur. Und bei einigen stehen die Türen für Besucher offen.

Gut 2.500 Moscheen gibt es heute in Deutschland. Wobei mehr als 2.000 davon nicht unbedingt als solche zu erkennen sind. Vielmehr sind sie einfache, unscheinbare Gebetsräume. Sogenannte Hinterhof-Moscheen, die Platz finden in ungenutzten Gewerberäumen, Lagerräumen, Garagen. Provisorisch zum Gebet eingerichtet, für den arabischen Zauber ist kaum Platz.

Es gibt aber auch Ausnahmen, ungefähr 200. Schon von außen versprühen diese Moscheen den Zauber des Mittleren Ostens, geben uns das Gefühl, als könnte der Ruf des Muezzin jeden Moment aus den Lautsprechern knistern.

Köln
1001 Nacht in Ehrenfeld

Zu diesen Ausnahmen gehört die auffällige **Zentralmoschee in Köln-Ehrenfeld**. Sie gilt als eine der größten Deutschlands, ein architektonisches Kunstwerk aus Beton, Glas, Stahl und Holz. Ihre gute 36 Meter hohe Kuppel und die zwei 55 Meter hohen Minarette prägen das Stadtbild.

Wenn wir von Norden nach Köln reinfahren, können wir die Moschee gar nicht übersehen – und obwohl

Ehrenfeld im Herzen des Rheinlands liegt, springt der arabische Funke allein beim Anblick der Zentralmoschee über.

Zu den Gebetszeiten, vor allem am Freitag, treiben gläubige Muslime in Scharen in das Gebetshaus, 600 bis 1.000 Besucher sind es für das Freitagsgebet. Der Anblick draußen vor der beeindruckenden Moschee ist dann wie ein Bild geknipst auf einer Straße Arabiens. Und spätestens, wer die Moschee von innen sieht, vergisst, dass er gerade eigentlich auf Kölner Boden steht.

Der 2.000 Quadratmeter große Gebetsraum wird durchflutet von Licht, die hellen Wände, der helle Boden reflektieren das Sonnenlicht, die goldenen, arabischen Schriftzüge an den geschwungenen Wänden funkeln.

Gut zu wissen

Außerhalb der Gebetszeiten sind auch Nicht-Muslime jederzeit in der Moschee willkommen. Wer mehr erfahren will, kann an einer Führung teilnehmen. Die finden jeweils nachmittags am Mittwoch, Freitag und Sonntag statt. Die Zentralmoschee in Köln-Ehrenfeld ist gut mit den öffentlichen Verkehrsmitteln erreichbar. Die nächsten Haltestellen sind Piusstraße und Köln-West.

- Venloer Straße 160, 50823 Köln • +49 221 / 50 80 00 • www.zentralmoschee-koeln.de

Duisburg

Die größte Moschee Deutschlands

Auch in **Duisburg** prägt eine besondere Moschee das Stadtbild. Die **Merkez-Moschee** ist die größte Deutschlands, ein Prachtbau mit 19 Kuppeln, aber nicht nur deshalb beeindruckend: Der Gebetsraum vereint das Schönste des Orients, erinnert an ein Märchen aus 1001 Nacht. In der Mitte des Raums hängt ein riesiger Kronleuchter, die Decken sind verziert mit feinsten Ornamenten. Liebe zum Detail im Großformat. Orient in Duisburg-Marxloh.

Die Türen der Moschee sind für alle offen, Fragen beantwortet die Türkisch-Islamische Union der Anstalt für Religion in Duisburg.

Wer vorher Bescheid gibt, wird zu einer Führung durch eingeladen, kann den Gebetsraum und die Bibliothek bestaunen, erfährt mehr über die Geschichte der Moschee und den Alltag der Muslime.

Die Merkez-Moschee ist gut mit den öffentlichen Verkehrsmitteln erreichbar. Nächste Haltestelle ist die Warbruckstraße.

Warbruckstraße 51, 47169 Duisburg •
+49 203 / 578 98 40 • www.ditib-du.de

Gut zu wissen

Bevor wir eine Moschee besuchen, sollten wir uns aus Respekt vorher unbedingt informieren, was vor Ort erlaubt ist und was nicht. Dazu gehört beispielsweise, dass die Moschee in der Regel nur außerhalb der Gebetszeiten besucht werden darf und dass die Schuhe am Eingang ausgezogen werden müssen. Wer unsicher ist, erkundigt sich am besten vor Ort.

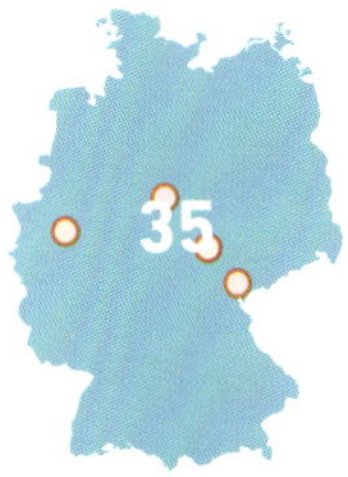

KORALLEN und andere Geheimnisse

Unterirdische Höhlen erkunden

BUNDESLÄNDER
Hessen, Thüringen, Niedersachsen, Sachsen, Nordrhein-Westfalen

JAHRESZEITEN
Frühjahr, Sommer, Herbst

Es gibt eine ganz besondere Lebensweise, die ich bis jetzt bei jeder meiner Reisen in den Mittleren Osten beobachten konnte. In Tunesien, in Marokko, auf der Arabischen Halbinsel im Oman – aber auch im australischen Outback. Das australische Outback hat mit dem Mittleren Osten zwar nichts zu tun, die Bedingungen aber sind sehr ähnlich: brütende Hitze, Wüste, Trockenheit. Kaum Vegetation, kein Schatten.

Und das sind die wichtigsten Faktoren für diese Lebensweise, von der ich hier gerne erzählen möchte.

Die Menschen, die in solchen Regionen zuhause sind, haben gar keine andere Wahl, als jeder Idee nachzugehen, die sie vor der Hitze schützen könnte. Natürlicher Schatten ist die beste Möglichkeit, wenn Dämmung und Klimaanlage an ihre Grenzen kommen würden – falls das überhaupt infrage kommt, und früher kam es das ohnehin nicht.

Stattdessen leben die Menschen in Wüstenregionen seit etlichen Jahrzehnten unter der Erde. In Höhlen.

Die Temperatur dort verändert sich in Abhängigkeit von der Außentemperatur nur geringfügig. Wenn die Bauweise stimmt, ist das Prinzip ein ähnliches wie bei den großen, natürlichen Höhlen unter der Erde.

Die Temperaturen bleiben im niedrigen Bereich, schließlich gibt es keine direkte Sonneneinstrahlung. Im Vergleich zu allem, was oberhalb der Erdoberfläche passiert, macht allein das das Leben in Höhlen so attraktiv, sodass es Menschen über all die Jahrzehnte beibehalten haben: Noch heute gibt es vor allem im Mittleren Osten, aber auch im Zentrum Australiens, ganze Dörfer, die unterirdisch angelegt sind.

Die Höhlenstrukturen sind teilweise von Menschenhand erschaffen, teilweise natürlich entstanden. Höhlen in der Nachbarschaft, die noch nicht oder nicht mehr bewohnt werden, sind inoffizielle Abenteuerspielplätze.

Solche Abenteuerspielplätze gibt es aber nicht nur dort, wo das Leben oberhalb der Erdoberfläche trocken, rau und brütend heiß ist – sondern auch hier bei uns, in Deutschland.

Eine Auswahl an unterirdischen Abenteuerspielplätzen, die uns wie die Erlebnisse im Mittleren Osten im Gedächtnis bleiben werden.

Thüringen

Seltenes Farbenspiel in der Barbarossahöhle

Im Norden Thüringens liegt die **Barbarossahöhle**, eine von weltweit nur zwei existierenden Schauhöhlen im mineralischen Anhydritgestein. Beeindruckend ist das weiß-graue Farbenspiel. Immer wieder werden besondere Führungen angeboten, beispielsweise im Kerzenschein.

Die Barbarossahöhle ist das ganze Jahr über täglich für Besucher geöffnet. Jeweils zur vollen Stunde beginnen die Führungen, bei Bedarf öfter.

Mühlen 6, 06567 Kyffhäuserland • +49 34671 / 545 13 • www.barbarossahoehle.de

Niedersachsen

Versteinerte Meeresbewohner in der Iberger Tropfsteinhöhle

Vor 385 Millionen Jahren war der Iberg ein Korallenriff in der Südsee, jenseits des Äquators. Auf derselben Höhe, wo heute Madagaskar liegt.

Seit der Verschiebung der Erdplatten und dem Beginn eines neues Zeitalters ist heute auf der Erdoberfläche ein großes Kalkmassiv zu sehen, auch in der **Iberger Tropfsteinhöhle** sind Spuren geblieben: In den Höhlenwänden verbergen sich versteinerte einstige Meeresbewohner.

Das HöhlenErlebnisZentrum ist das ganze Jahr über für Besucher geöffnet, täglich außer montags. Erweiterte Öffnungszeiten gelten während der niedersächsischen Schulferien, eingeschränkte Öffnungszeiten im November. Spannend ist auch das angeschlossene Museum zur Höhlenarchäologie der rund 15 Kilometer entfernten Lichtensteinhöhle. Vor fast 3.000 Jahren war die das Grab eines bronzezeitlichen Familienclans.

Führungen finden je nach Saison und Andrang bis zu viertelstündlich, mindestens aber stündlich statt.

An der Tropfsteinhöhle 1, 37539 Bad Grund • +49 5327 / 82 93 91 • www.hoehlen-erlebnis-zentrum.de

Hessen

Funkelnde Wände in der Kubacher Kristallhöhle

347 Stufen führen in die Erde hinab. Während es immer düsterer wird, können wir uns kaum vorstellen, wie magisch die Höhle unten plötzlich aussehen wird. Wände und Decke sind mit unzähligen Kristallen und mineralischen Ablagerungen bedeckt, alles glitzert und funkelt. 350 Millionen Jahre alt sind die Kalksteine, entstanden ist das Höhlensystem während der Eiszeit. Bis heute ist es nicht komplett erforscht.

Die Höhlensaison dauert von Juli bis November. Führungen finden unter der Woche zwischen 15 und 17 Uhr statt, am Wochenende von 10 bis 17 Uhr.

Auf dem Kalk 1, 35781 Weilburg-Kubach • +49 6471/ 94 00 • www.kubacherkristallhoehle.de

Nordrhein-Westfalen

Ein Korallenriff in der Kluterthöhle

Dort, wo heute Ennepetal in Nordrhein-Westfalen liegt, brandete vor rund 385 Millionen Jahren ein tropisches Meer an ans Ufer. Alles, was davon heute noch übrig ist, verbirgt sich unter der Erde: In der **Kluterthöhle** können wir durch das am besten erhaltene, versteinerte Korallenriff Europas laufen.

Und kriechen, denn auch das ist für besonders enge Passagen erforderlich. Auf diesem Weg passieren wir versteinerte Riffbewohner, unterirdische Seen, bizarre und geheimnisvolle Gänge.

Die Kluterthöhle kann nur im Rahmen einer Führung besucht werden – das ganze Jahr über finden Rundgänge zu speziellen Themen statt. Anstehende Termine sind online zu finden.

Gasstraße 10, 58256 Ennepetal • +49 23 33 / 98 80 11 • www.kluterthoehle.de

Sachsen

Unterirdische Seen in der Drachenhöhle

In der **Drachenhöhle** in Syrau im Vogtland liegen mehrere Höhlenseen verborgen, die wegen des hohen Kalkgehalts zartgrün schimmern. Ihren Namen verdankt die Drachenhöhle aber nicht nur ihrer märchenhaften Optik, sondern einer Sage, die in Syrau ihren Ursprung hat.

Der alten Geschichte nach lebte in den Wäldern rund um Syrau ein Drache, den die Dorfbewohner regelmäßig füttern mussten.

Heute ist Drache Justus das Maskottchen der Höhle und begrüßt Besucher auf dem Weg 16 Meter unter der Erde.

Die Höhle kann nur im Rahmen einer Führung besucht werden – Termine finden von Januar bis November täglich statt.

Parkplatz auf der Paul-Seifert-Straße, 08548 Syrau • +49 37431 37 35 • www.syrau.de/drachenhoehle

Achtung, warm anziehen: In allen Höhlen herrscht das ganze Jahr über eine Durchschnittstemperatur zwischen acht und zehn Grad.

◄ Iberger Tropfsteinhöhle *(links)* und Kluterthöhle

In unseren Nachbarländern um die Welt

Alle, die in Europa nah an einer Landesgrenze leben, können das Folgende wahrscheinlich bestätigen: Irgendwann sind wir es gewohnt, kreuz und quer über die Grenze zu pendeln. Längst gibt es nicht mehr die eine und die andere Seite. Grenzen verschwimmen, wir sind eben dort, wo wir gerade sein wollen. Für alle, die nah einer solchen Grenze wohnen – und auch für jene, die das nicht tun, aber gerne Erinnerungen in unseren Nachbarländern sammeln wollen – sind die folgenden Seiten gedacht.

An Deutschland grenzen neun Nachbarländer. Auch dort warten in jeder Region und hinter jeder Kurve unvergessliche Erlebnisse auf uns. Neun davon, eins in jedem Nachbarland, möchte ich Ihnen in diesem Sonderteil vorstellen.

DEN BIG 5 *auf der Spur*

Mit einem Ranger den Fährten wilder Tiere folgen

REGION
Nationalpark Hohe Tauern

JAHRESZEITEN
Sommer, Herbst

Mit dem Fernglas um den Hals und der Kamera in der Hand, so leise wie möglich, laufen wir Schritt für Schritt den schmalen Pfad entlang. Bei jedem Rascheln im Gras und jedem Poltern an den Felsen setzt der Atem aus und das Herz schlägt schneller. Der Blick wandert dann zum Ranger nach vorne, die Hand zum Fernglas.

Sind wir der richtigen Fährte gefolgt?

Waren das im feinen Kiesbett frische Hufabdrücke?

Zu Fuß auf Safari zu sein ist einzigartig. Jede Safari ist generell ein besonderes Erlebnis, zu Fuß aber ist die Verbindung zur Natur umso intensiver. Es geht langsam voran, dafür aufmerksamer. Wir hören genau, wir sehen genau.

Wilde Tiere zu entdecken, ist die Krönung – dennoch lohnt sich allein schon das Gefühl der Suche. Das Gefühl, Spuren zu entdecken und die Fährte aufzunehmen. Die Aufregung, die jedes Geräusch mit sich bringt, und das Kribbeln beim Blick durch das Fernglas.

Die beliebtesten Reiseziele, und wahrscheinlich die Ersten, die uns beim Stichwort »Safari« in den Sinn kommen, sind die Länder Afrikas. Die Nationalparks, in denen die Big 5 zuhause sind. Die großen Fünf, deren Sichtung für viele ein Lebenstraum ist. Elefant, Nashorn, Büffel, Löwe und Leopard.

Big 5 gibt es aber auch außerhalb der afrikanischen Nationalparks, viel näher sogar, nämlich im **Nationalpark Hohe Tauern**.

Auch dort, zwischen den höchsten Bergen Österreichs, leben die »großen Fünf«, für die sich eine Safari lohnt.

Freilich sind das nicht Elefant, Nashorn, Büffel und Co. Dafür die Wildtiere der Alpen: Steinbock, Murmeltier, Gämse, Steinadler und Bartgeier.

Das sind die Tiere, deren Sichtung Alpenbesucher in der Regel am meisten bewegt. Das Gefühl, ihre Fährte aufzunehmen, mit dem Fernglas um den Hals und der Kamera in der Hand, ist dem im afrikanischen Busch sehr ähnlich. Der Nervenkitzel ebenso.

Das **Ködnitz-Tal** in Osttirol gilt als besonders vielversprechend, um alle Big 5 der Alpen auf einer Safari zu sichten. Es liegt im Herzen des Nationalparks Hohe Tauern. Mit 1.800 Quadratkilometern bildet er das größte zusammenhängende Naturschutzgebiet Österreichs.

Genau wie in Afrika aber gehört auch hier etwas Glück zur Safari – und bestenfalls das Expertenwissen eines Rangers.

Diese Ranger kennen das Tal in- und auswendig. Vielleicht noch besser als ihre Westentasche. Und auch beliebte Wanderwege der wilden Alpentiere haben sie längst durchschaut, sie wissen um frequentierte Routen und zuverlässige Wasserstellen. Ringsum beeindruckt die Kulisse, für die allein sich die Safari im Nationalpark Hohe Tauern lohnt: Mit jedem unserer Schritte wird Österreichs höchster Berg, der Großglockner, immer besser sichtbar.

Wenn wir einen guten Tag, eine gute Zeit und eine Portion Glück erwischen, können wir in den kommenden

Stunden alle Big 5 am Fuße des Großglockners sichten. Oft sogar ganze Herden, zum Beispiel der Steinböcke.

Von denen gibt es heute wieder rund 600 im Nationalpark Hohe Tauern. Obwohl der Steinbock im Hochgebirge keine natürlichen Feinde hat, war das nicht immer so. Denn genau wie in der Wildnis Afrikas war auch in den Alpen Wilderei ein Problem.

Bevor Jäger das Steinwild 1960 im Ötztal, im Zillertal und in den Schweizer Alpen wieder ansiedelten, haben ihre Vorfahren es bis zur Ausrottung gejagt. Wie das Elfenbein der Elefanten und Nashörner wurden auch die Hörner der Steinböcke zu Pulver gemahlen – der angeblichen Heilwirkung wegen, die wie bei Elfenbein nie nachgewiesen werden konnte.

Heute darf der Steinbock nur gejagt werden, wenn er älter als mindestens zehn Jahre ist – und es der Kontrolle der Population dient.

Gut zu wissen

Die geführten Safaris mit Nationalpark-Rangern finden während der schneefreien Monate immer montags und freitags statt – ungefähr zwischen Juni und September. Ausgangspunkt ist der Parkplatz Lucknerhaus/Glocknerwinkel bei Kals am Großglockner. Von dort aus wandert die Gruppe etwa 400 Höhenmeter, die Tour dauert insgesamt rund vier Stunden. Wer danach selbstständig weiterwandern will, kann zum Beispiel mit Blick auf den Großglockner bis zur **Stüdlhütte** aufsteigen.
Erwachsene bezahlen 18 Euro für die Safari, Kinder zwölf Euro. Anmeldungen werden telefonisch von der Nationalparkverwaltung Hohe Tauern angenommen.

- Kirchplatz 2, 9971 Matrei i. O., Österreich • +43 4875 / 51 61 10 • www.hohetauern.at

Außerdem gibt es die Möglichkeit, Ranger für individuelle Touren zu buchen. Zum Beispiel für eine Safari im Winter. Anfragen nimmt das Nationalpark-Büro Hohe Tauern telefonisch und per E-Mail entgegen.

- +43 4875 / 51 61 80 68 72 • nationalparkservice.tirol@hohetauern.at

KIWIS, ALPENKRÄUTER *und ein Fjord*

In einem kleinen Bergdorf quer durch die Welt

REGION
Heidiland

JAHRESZEIT
Ganzjährig

Auf der Welt gibt es diese ganz besonderen Orte. Die sind im besten Sinne eigenartig, haben eine ganz sonderbare Ausstrahlung. Oft wissen wir gar nicht so recht, woran das liegt. Aber wenn wir durch ihre Straßen schlendern und zwischen den Fassaden stehen, dann fühlt sich irgendetwas anders an. Anders als im Nachbarort zum Beispiel, vielleicht sogar anders als an allen anderen Orte in diesem Land.

Quinten ist so ein Ort. Ein kleines Dort im Schweizer Kanton Heidiland, nur rund 60 Menschen leben hier. Etwa 70 Kilometer südöstlich von Zürich liegt es, doch mit einer Schweizer Stadt hat das Weindörfchen rein gar nichts zu tun. Ich bin nicht einmal sicher, ob man sagen kann, dass Quinten viel mit der Schweiz zu tun hat. Ganz generell, meine ich.

Und das hat mehrere Gründe.

Wer in Quinten ankommt, erlebt eine Reise durch die Welt. Dazu gleich mehr, denn selbst das Ankommen ist hier eine Besonderheit: Quinten ist nur mit dem Schiff oder zu Fuß erreichbar – obwohl die Zivilisation gerade einmal zehn Kilometer entfernt ist. Auf der anderen Uferseite des **Walensees** ist sie sichtbar, Quinten ist trotzdem wie abgeschnitten von der Schweiz, doch liegt es mittendrin.

Dass Quinten nur für Wanderer und Bootsfahrer erreichbar ist, liegt an seiner Lage auf einem kleinen Landvorsprung direkt am Ufer des Sees. Auf der einen Seite schneidet das Wasser den Ort von der Außenwelt ab, auf der anderen Seite sind es die steilen und schroffen Felswände der Bergkette.

Für eine Straße ist kein Platz, gerade einmal ein Wanderweg schlängelt sich am Ufer entlang.

Quinten liegt etwa auf halber Strecke zwischen Weesen am westlichen und Walenstadt am östlichen Seeende.

Quinten ist auch mit dem Boot über den Walensee erreichbar: das ganze Jahr über, sieben Tage die Woche. Den Fahrplan gibt's unter www.walenseeschiff.ch.

Die eingeschränkte Erreichbarkeit mitten in der Schweiz würde schon ausreichen, um Quinten zu etwas Besonderem zu machen. Es gibt aber noch mehr und das führt sogar dazu, dass wir in diesem kleinen 60-Seelen-Dorf quer durch die Welt reisen. Grund dafür ist das spezielle Klima: Obwohl Quinten am Fuße der Churfirsten liegt – einer Bergkette, die für ihre auffällige Gipfelkomposition bekannt ist und von über 2.000 Meter hohen Gipfeln eingerahmt wird, ist das Klima auf der Sonnenseite des Walensees besonders mild. Nahezu mediterran.

Während Quinten in dieser Kulisse ein Dorf an einem typisch skandinavischen Fjord sein könnte, ist der Hang hinter und neben den Häusern überzogen von Weinreben. Und das ist noch nicht alles: In Quinten gibt es Südfrüchte. Kiwis, Feigen, sogar Palmen wachsen in dem kleinen Dorf.

Mediterranes Lebensgefühl, südländisches Klima, in einem Dorf wie am norwegischen Fjord. Mitten in der Schweiz.

Gut zu wissen

Zu Fuß erreichen wir Quinten über die Wanderwege von Weesen und von Walenstadt aus. Beide Touren sind in der einfachen Entfernung rund zehn Kilometer lang, 500 Höhenmeter liegen auf dem Weg. Sowohl Weesen als auch Walenstadt können wir gut mit öffentlichen Verkehrsmitteln erreichen. Wer mit dem Auto anreist, kann in Weesen am Hafen parken (Hauptstrasse, 8872 Weesen), in Walenstadt auf dem P+R am Bahnhof (Sarganserstrasse 7, 8880 Walenstadt).

Detaillierte Beschreibungen zu beiden Wegen finden wir auf der offiziellen Seite von Heidiland Tourismus: Unter www.heidiland.com gelangen wir im Menüpunkt »Erleben« zum Tourenportal samt Suchfunktion.

- https://outdoor.heidiland.com/de/liste/zu-fuss-nach-quinten/186036853/?_ga=2.14374967.1655739042.1605259727-733343262.1605259727

PINKES WASSER UND rosa Sand

In Salzgärten außergewöhnliche Facetten der Natur bestaunen

REGION
Camargue

JAHRESZEIT
Ganzjährig

Manchmal überrascht uns die Natur mit einem Phänomen, das auf den ersten Blick derart unnatürlich wirkt, dass wir unseren Augen kaum trauen können.

Und damit meine ich nicht besonders klare Flüsse und türkise Seen. Damit meine ich auch nicht knallige Herbstfarben und tief-grüne Bergwiesen.

Vielmehr habe ich gerade rosa Sand und pinke Seen im Kopf. Im ersten Moment könnte beides eine Fata Morgana sein, vor allem dann, wenn man nicht weiß, was es damit auf sich hat. Der erste pinke See, der mich an meinem Verstand hat zweifeln lassen, liegt im Hinterland Süd-Australiens. Es ist keiner von den bekannten Orten, die garantiert in jedem Reiseführer zu finden sind. Es ist ein kleiner See in einer Senke, etwas abgelegen von einer Schotterstraße, von ihrem höchsten Punkt aus aber gut sichtbar. Dieser See ist rosa. Und darauf war ich nicht vorbereitet.

Erst bei meinen Recherchen im Nachhinein habe ich gelernt, dass für solche pinken Seen Reisende aus der ganzen Welt nach Australien kommen, vor allem für ein paar bestimmte, die wegen ihrer günstigen Lage oder der Nennung in verschiedenen Reiseführern eine besondere Rolle eingenommen haben. In Australien gibt es von diesen Salzseen einige – auch Südamerika ist für weiße Ebenen und rosa Wasser bekannt.

Die **Camargue** in Frankreich nicht unbedingt – und doch kommt das Phänomen auch dort vor. Und das schon seit der Antike.

Dass in der Camargue Salz aus Meerwasser gewonnen wird, ist ein jahrhundertealter Brauch. Die Bedingungen sind ideal: Der Mix aus Sonne, Wärme und Wind lässt das Meerwasser in den riesigen Becken an der Küste ständig verdunsten. Gleichzeit kommt frisches Wasser nach. Monatelang wandert das Wasser durch viele, leicht abfallende Becken – wenn es dann im Landesinneren ankommt, ist nicht nur das Salz im Wasser konzentriert, sondern auch die Alge *Dunaliella Salina,* die für die rosa bis pinke Färbung verantwortlich ist. Heute sind die Salzgärten von **Aigues-Mortes** so groß wie Paris. Die weißen Salzberge spiegeln sich in der Lagune. Ringsum breiten sich pinke Salzseen aus, oft machen Flamingos das Bild noch unwirklicher. Die sind in den Salzseen der Camargue heimisch und verwandeln die pinke Landschaft in eine Welt wie aus dem Märchenbuch.

Gut zu wissen

Schöne Ausblicke auf die Salzseen Salins du Midi gibt's zum Beispiel von der mittelalterlichen Stadtmauer in Aigues-Mortes aus. Seit ein paar Jahren ist es außerdem möglich, einen der Salzkegel zu besteigen, es werden Allrad- und Mountainbike-Touren durch das Gebiet angeboten sowie Touren mit einem Naturführer.

- Grau du Roi, 30220 Aigues-Mortes, Frankreich • +33 466 / 73 40 00 • www.visitesalinsdecamargue.com

Pinke Salzseen liegen an der französischen Mittelmeerküste nicht nur in Aigues-Mortes, sondern beispielsweise auch knapp 60 Kilometer weiter östlich Richtung Marseille: Um **Salin-de-Giraud** gibt es mehrere Wander- und Fahrradrouten, bei denen unser Blick immer wieder auf die rosa Becken der Salzseen fällt.

Die komplette Rundtour, machbar zu Fuß oder mit dem Rad, startet an der Tourist Info in Salin-de-Giraud.

Auf 29 Kilometern geht es über Tourvieille zwischen dem Fangassier-See und dem Galabert-See zu einer Flamingo-Aussichtsplattform. Die Route führt über Mas Saint Bertrand zurück zum Ausgangspunkt.

Zwei Kilometer vor Salin-de-Giraud, am Fahrradweg längs der Straße D36d, gibt es einen weiteren Aussichtspunkt.

Die Mitarbeiter der Tourist Info haben weitere Infos zum Fahrradverleih und zur Route.

1, Boulevard Pierre Tournayre, 13129 Arles, Frankreich • +33 442 / 86 89 77 • www.arlestourisme.com

Zur Tour um die Salzseen von Salin-de-Giraud gibt's einen sehr übersichtlichen Info-Flyer.

www.arlestourisme.com/de/assets/files/pdf/camargue/Fiches_Rando_DE/N9_flamants_sel_DE.pdf

MAL SCHNELL IN *die Tropen*

Bei 28 Grad das ganze Jahr über in den Dschungel abtauchen

REGION
Grevenmacher

JAHRESZEITEN
Frühjahr, Sommer, Herbst

Fast 30 Grad Celsius das ganze Jahr über, feuchte Luft, Schmetterlinge, Chamäleons, Schildkröten, Vogelgezwitscher. Es fühlt sich tropisch an, wie ein Urlaub in Südostasien oder in Südamerika.

Dabei haben wir die Grenze zwischen Deutschland und Luxemburg gerade überquert. Von Trier sind wir keine halbe Stunde entfernt, sogar von Koblenz aus geht das hier noch als Tagesausflug durch.

Dennoch fühlen wir uns wie auf einer kurzen Auszeit im Dschungel – hier, im Schmetterlingsgarten im luxemburgischen **Grevenmacher**.

Den ***Päiperleksgaart*** gibt es schon seit mehr als 30 Jahren. Seither ist das 600 Quadratmeter große Gewächshaus das Zuhause Hunderter Schmetterlinge. Eine Biologin ist für das Wohlbefinden der Tiere verantwortlich und für den Arterhalt manch exotischer Schmetterlinge.

In verschiedenen Schaukästen im kleinen Gewächshaus können sich Besucher genau über die verschiedenen Stadien eines heranwachsenden Schmetterlings informieren. Mit Binokular-Mikroskopen können wir die Metamorphose – die Verwandlung vom Ei zur Raupe, zur Puppe und zum Falter – genau beobachten.

Das große Gewächshaus hingegen ist voller Leben. Rund 500 Schmetterlinge 40 verschiedener Arten führen überall in der Luft ihre Tänze auf, setzen sich auf unseren Armen ab und lassen sich auf den Blüten minutenlang beobachten. Immer wieder rennen flinke Vögel, die chinesischen Zwergwachteln, quer über die Wege. Im Gebüsch verstecken sich Schildkröten und Gespensterschrecken, die in den Sträuchern wegen ihrer guten Tarnung kaum auffallen.

Im Schmetterlingsgarten Grevenmacher tauchen wir in eine tropische Oase ab. Nicht nur für diese spezielle Auszeit lohnt es sich, Zeit mitzubringen. Sondern auch, um die vielen kleinen Naturwunder zu entdecken und die exotische Atmosphäre inmitten Hunderter Schmetterlinge wirken zu lassen.

Gut zu wissen

Der Päiperleksgaart Grevenmacher liegt kurz hinter der Grenze auf luxemburgischer Seite. Von Trier aus erreichen wir ihn über die A1, Ausfahrt Merter-Wasserbilling. Auch die Buslinien 483 und 485 stoppen beim Schmetterlingsgarten, Haltestelle »Grevenmacher – Jardin des Papillons«.
Die Saison reicht von Anfang April bis Ende Oktober, Hunde sind im Garten nicht erlaubt.
Es werden auch Führungen angeboten.

- 6 Route de Trèves, L-6793 Grevenmacher, Luxemburg • +35 275 / 85 39 • www.papillons.lu/de

REKORDVERDÄCHTIGE *Unterwelt*

Abenteuer unter der Erde wie in den Höhlen Südamerikas erleben

REGION
Provinz Lüttich

JAHRESZEITEN
Frühjahr, Sommer, Herbst

Vielleicht ist es die Suche nach neuen Geheimnissen, nach verborgenen Geschichten und Welten, die sich von dem unterscheiden, was wir täglich sehen. Fest steht jedenfalls: Höhlensysteme, Grotten und Schluchten haben eine magische Wirkung.

Unterirdische Schauplätze ziehen Besucher wie Magneten an, je tiefer, je unwirklicher, desto besser.

Wenn Reisende dazu aufgerufen werden, für die schönsten unterirdischen Schauplätze der Welt abzustimmen, dann liegen Höhlen und Grotten in Südamerika grundsätzlich weit vorn. Zum Beispiel das Sistema Sac Actu auf der mexikanischen Halbinsel Yukatan. Es gehört nicht nur zu den längsten Höhlensystemen überhaupt – unvergesslich ist es auch wegen seines klaren, hellblauen Wassers, in dem Besucher Schnorcheln können.

Auf der Liste der schönsten Höhlenerlebnisse auch immer weit oben: Cueva Del Viento, die Windhöhle, in Puerto Rico. Sie gleicht einer Schatzkammer, die von oben bis unten mit Tropfsteinen gefüllt ist. Filigrane Säulen reichen von der Decke zum Boden und vom Boden zur Decke. Die Wände schimmern beige und orange.

Ziemlich ähnlich lassen sich die **Grotten von Remouchamps** beschreiben. Die aber liegen nicht auf Puerto Rico im karibischen Meer, sondern in der belgischen Provinz Lüttich – nur gut 120 Kilometer südwestlich von Köln.

Die Grotten von Remouchamps sind ein Naturdenkmal, ein unterirdisches Labyrinth voll mit Tropfsteinen.

Alte Aufzeichnungen erzählen davon, dass die Höhlen bereits seit 1828 zugänglich sind. Mehr noch: Vor rund 8.000 Jahren waren sie ein Unterschlupf, ein Zuhause. Jäger der Altsteinzeit haben sie bewohnt.

Heute sind die Grotten für Besucher geöffnet. Auf ungefähr 800 Metern führt der Weg vorbei an unzähligen Tropfstein-Formen, an hängenden Stalaktiten und stehenden Stalagmiten, durch enge Bögen hindurch, vorbei an beeindruckenden Galerien und durch pompöse Tropfstein-Säle. Spätestens im großen Kathedralsaal mit seinen bis zu 40 Meter hohen Decken sind wir uns ziemlich sicher, dass es beeindruckender nicht mehr werden kann.

Dann aber erreichen wir den unterirdischen Fluss Rubicon über eine natürliche Steinbrücke. Sein Wasser schimmert fahl grün, an dunklen Stellen ohne Licht ist es beinahe schwarz.

Ein Holzboot liegt für den Rückweg bereit – denn der erfolgt in den Grotten von Remouchamps nicht zu Fuß, sondern übers Wasser. Es ist die längste, unterirdische Bootsfahrt Europas.

Das Boot gleitet über das fahle Wasser, vorbei an orangeschimmernden Wänden und glänzenden Tropfsteinen.

Ob es später, wenn das Abenteuer unter der Erde zu Ende ist, belgischer Boden sein wird, den wir betreten, oder aber eine südamerikanische Insel – das spielt hier unten keine Rolle.

Gut zu wissen

Die Grotten von Remouchamps können wir von Anfang Februar bis Ende November täglich und auch an Feiertagen im Rahmen einer Führung besuchen. Die Besichtigung dauert mindestens eine Stunde, die Guides sind mehrsprachig und sprechen auch Deutsch. Achtung: Vor dem Besuch ist eine telefonische Reservierung nötig. Wie oft die Führungen am Tag stattfinden, hängt von der Saison und dem Besucherandrang ab. Wegen ihrer natürlichen Beschaffenheit sind die Grotten nicht barrierefrei zugänglich.

Erreichbar sind die Grotten von Remouchamps auch mit öffentlichen Verkehrsmitteln (ab dem Bahnhof Aywaille fährt der Bus 64 bis zur Haltestelle Grottes).

- Rue de Louveigné 3, 4920 Aywaille, Belgien • +32 43 / 60 90 70 • www.lesgrottes.be

DIE WELT *unter einem Dach*

Einen Tag zwischen 1.000 Marktständen auf dem Basar verbringen

REGION
Nordholland

JAHRESZEIT
Ganzjährig

Als würde es die Luft jeden Moment zerreißen, so scheint es. Weil in ihr so viele, zu viele, unterschiedliche Gerüche liegen.

Es riecht nach Paprika, nach Zimt und Kardamom, nach Estragon und Safran. Bunte Stoffe reihen sich an Schmuck, an Schnitzereien, Wasserpfeifen, Lampen, an Obst und Gemüse.

Auf einem arabischen Basar weiß ich nie, wo ich zuerst hinschauen, wo ich hinhören, in welche Richtung ich mich umdrehen soll. Irgendwie passiert alles auf einmal, ein Mix aus Stress, Überflutung und purer Faszination. Dann zerreißt es die Luft wirklich, spätestens mit dem nächsten Ruf des Marktschreiers. Die fremde Stimme schallt durch die Marktstände, schießt über all die bunten Gewürzberge hinweg und bahnt sich einen Weg durch die Gerüche in der Luft.

Das einzige, was ich in diesen Momenten immer sicher wusste: dass ich zweifellos weit weg bin von zuhause.

Im Oman, in Marokko. In Tunesien oder in Dubai. In einer völlig anderen Welt, die wir nur erreichen, wenn wir nacheinander mehrere Grenzen überqueren.

Jetzt aber, jetzt weiß ich, dass zwischen all den bunten Farben und den Gerüchen aus 1001 Nacht noch nicht einmal dieser eine Gedanke richtig war. Der einzige, bei dem ich mir in diesen Momenten sicher war: Nämlich der, dass wir viele Grenzen überqueren müssen, um in so eine Welt einzutauchen.

Von Deutschland aus reicht es, eine Grenze zu überqueren. Dann sind wir in den Niederlanden, in der kleinen Stadt **Beverwijk** in Nordholland. Das zumindest sagen die Straßenschilder und unser Standort auf der Karte. Unser Gefühl aber, das sagt etwas ganz anderes. Wenn wir ihm glauben schenken, stehen wir auf einem Basar im Nahen Osten.

Das mit dem Basar immerhin ist gar nicht so falsch: **De Bazaar Beverwijk** ist Europas größter, überdachter Markt. Mit über 1.000 Geschäften und Ständen vereint er die ganze Welt unter seinem Dach – besonders aber das orientalische Lebensgefühl.

Im Getümmel aus Ständen, Marktbetreibern und Besuchern, aus Farben und Gerüchen, gibt es frische Kräuter, Datteln aus dem Iran, frischen Apfeltee aus der Türkei, Mode, orientalische Lampen. Bunte Gewürzberge bilden ein Meer aus Farben, reihen sich an verschiedene Nüsse und getrocknetes Obst.

Hier können wir handeln, probieren, süßen Kaffee auf persischen Decken trinken und dabei zusehen, wie türkische Pfannkuchen frisch mit der Hand gerollt werden. Wir können uns fühlen wir auf einem Basar im Nahen Osten und müssen dazu nicht weiter reisen als in unser Nachbarland.

Gut zu wissen

Beverwijk liegt nordwestlich von Amsterdam. Den Bazaar erreichen wir entweder mit dem Zug oder von Amsterdam aus mit dem Boot. Vom Bahnhof in Beverwijk sind es zu Fuß etwa zehn Minuten zum Bazaar, es gibt auch eine Busverbindung. Außerdem liegen rund um das Gelände fünf Parkplätze, die mit blauen Schildern »P Bazaar« ausgewiesen sind. Freitagnachmittag ist der Bazaar in Teilen geöffnet, das gilt vor allem für Obst- und Gemüse-Stände und das Foodcourt. Samstags und sonntags sind alle Stände den ganzen Tag lang geöffnet. Der Eintritt ist frei.

- Ringvaartweg 30, Beverwijk, Niederlande • +31 251 / 26 26 26 • www.debazaar.nl

WO DIE WÜSTE aufs Meer trifft

Ein Phänomen wie an der Küste Namibias erkunden

REGION
Nordjütland

JAHRESZEIT
Ganzjährig

Ein Meer aus Sand geht in einen Ozean aus Wasser über. Es scheint, als würden die ockerfarbenen Dünen ihre Farbe in ein tiefes Blau ändern.

Diese berühmten Bilder kommen aus Namibia – dort trifft die älteste Wüste der Welt auf den Atlantik. Trockenheit trifft auf Salzwasser. Die Fotos sind weltberühmt, in Wirklichkeit haben das Schauspiel deutlich weniger Menschen zu Gesicht bekommen.

Ein ähnliches Schauspiel gibt es in einem unserer Nachbarländer zu bestaunen: In Dänemark trifft nicht die älteste Wüste der Welt auf die Nordsee, sondern eine Mini-Version der Sahara. So zumindest bezeichnen die Dänen die Region südlich von Skagen in **Nordjütland**.

Die **Råbjerg Mile** gehört zu den größten Wanderdünen Europas. In den vergangenen 300 Jahren hat sie sich Jahr für Jahr durchschnittlich 15 Meter weiter in den Nordosten verschoben. Weil in Råbjerg im Gegensatz zu den meisten anderen Gebieten nicht aktiv gegen die Ausbreitung und Wanderung der Düne gearbeitet wird – beispielsweise mit der Pflanzung von Bäumen – ist an der Küste Nordjütlands eine kleine Wüste entstanden.

Die größten Dünen sind bis zu 40 Meter hoch, die gesamte Fläche reicht über zwei Quadratkilometer. Das ist die Größe von 280 Fußballfeldern.

Unter dreieinhalb Millionen Kubikmetern Sand lagen einst die Häuser von Skagen. Heute erinnert nur noch der Turm der St. Laurentius Kirche daran, dass dieser Ort nicht schon immer von einer Mini-Wüste bedeckt war. Die Kirche ist heute besser als »**Versandete Kirche**« bekannt. Von ihr schaut nicht mehr als der obere Teil des Kirchturms aus der Düne – den Rest hat der Sand verschluckt.

Die Versandete Kirche können wir bei einem Spaziergang in der dänischen Sahara besuchen. Hier ist sie zu finden: N 10.550556, E 57.713615

Weil die Düne weiterhin wandert, verändert sich die Landschaft der Råbjerg Mile Jahr für Jahr. Ungefähr 40 Jahre wird es dauern, dann werden die Bäume, die heute noch von der Düne bedeckt sind, auf der anderen Seite wieder auftauchen. Anderes hingegen wird die Düne verschlucken. Das wird zum Beispiel die Hauptstraße betreffen, die heute ins umgesiedelte Skagen führt. Schätzungen zufolge wird diese in 150 bis 200 Jahren komplett unter Sand begraben sein.

Die Vorteile dieser nahen, kleinen Wüste haben auch Filmemacher für sich entdeckt. So war Dänemarks Mini-Sahara beispielsweise die Kulisse für den Stummfilm Das *Geheimnis der Sphinx,* der 1915 gedreht wurde. Mit einigen Palmen, Beduinenzelten und Papierpyramiden war die Sahara-Requisite täuschend echt.

Gut zu wissen

Die Råbjerg Mile erkunden wir am besten zu Fuß (Achtung vor Treibsand!). Eine gute Parkmöglichkeit mit öffentlicher Toilette liegt an der Straße, dem Kandestedvej, zwischen Rannerød und Kandestederne.

- Råbjerg Mile Vej, 9990 Skagen • N 57.653670, E 10.408681 • www.visitnordjylland.de

ZWISCHEN BÄREN, WÖLFEN *und Wisenten*

Unterwegs wie in den wilden Naturlandschaften Nordamerikas

REGION
Bieszczady-Nationalpark

JAHRESZEIT
Ganzjährig

30.000 Hektar. So groß ist eine der letzten, bedingungslos wilden Naturlandschaften Europas. Das klingt ziemlich bedeutungsschwer, oder?

Und doch wird wahrscheinlich kaum jemand wissend mit dem Kopf nicken, wenn ich im nächsten Satz verrate, wo diese rare, bedingungslos wilde Naturlandschaft Europa liegt. Was vielleicht auch ein kleines bisschen damit zu tun hat, dass wir ihren Namen kaum aussprechen können: **Bieszczady**.

Bieszczady ist ein polnischer Nationalpark, dicht an der Grenze zur Ukraine und zur Slowakei. Seine Berge sind die Ankündigung auf die großen Karpaten, der höchste unter ihnen misst schüchterne 1.346 Meter.

Wenn wir in den Bieszczady-Nationalpark reisen, dann aber tun wir das ohnehin nicht wegen seiner imposanten Bergwelt – sondern wegen seiner Abgeschiedenheit.

Während wir von Katowice nach Krakau und immer weiter Richtung Südosten fahren, breitet sich mehr und mehr Einsamkeit aus. Immer weniger Häuser säumen den Straßenrand, immer weniger Wegweiser deuten in andere Richtungen. Die Kilometerangaben zu den großen Orten werden hingegen immer größer. Und plötzlich liegt er da, breitet sich aus und lässt die Grenzen in diesem Dreiländereck unter sich verschwinden: der Bieszczady-Nationalpark. Ein einzigartiges Naturreservat.

Menschen können nur etwa 30 Prozent des Gebiets erkunden, die übrige Landschaft ist nicht erschlossen. Das soll auch so bleiben. Denn sie gehört den Tieren und davon gibt es hier ganz besondere. Und besonders viele.

Die menschenleere Weite, die endlosen Bergketten und dichten Wälder sind das Zuhause von Bären und Wisenten. Von Luchsen, Fischottern und Bibern. Sie sind das Zuhause der größten Wolfspopulation Europas.

Wandern zwischen wilden Tieren

Wer in Gebieten unterwegs ist, in denen auch Bären zuhause sind, sollte sich vorher unbedingt über das richtige Verhalten und die örtlichen Gegebenheiten informieren. Obwohl sich freilich nicht alle Bären gleich verhalten, gibt es für uns ein paar Faustregeln: Die beste Strategie bei Wanderungen in Bärengebieten ist, Begegnungen grundsätzlich zu vermeiden. Weil Bären an Menschen eigentlich kein Interesse haben, verziehen sie sich meistens, noch bevor wir sie zu Gesicht bekommen. Pfeiffen, Reden, Klatschen (nicht andauernd, immer wieder) – jeder Laut hilft, rechtzeitig auf uns aufmerksam zu machen. Falls es dennoch zu einer Begegnung kommt, gilt: stehenbleiben, Ruhe bewahren. Hat der Bär uns noch nicht bemerkt? Dann können wir uns vorsichtig und langsam zurückziehen. Hat er uns bemerkt, machen wir uns als Mensch bemerkbar: Wir reden ruhig und heben sachte die Arme, um uns

größer zu machen. Achtung: Keine wilden Bewegungen, keine schrillen Rufe.
Ein Bärenspray ist in Situationen hilfreich, wenn der Bär weniger als zehn Meter entfernt ist und aggressiv näher kommt. Zur konkreten Situation in einem bestimmten Gebiet gibt es an den Startpunkten der Wanderungen oft Hinweistafeln. Einheimische wissen natürlich auch Bescheid.
Der WWF hat unter dem Titel »Verhalten im Bärengebiet« ein gut zusammengefasstes Info-Blatt rausgebracht.

- www.wwf.de/fileadmin/fm-wwf/Publikationen-PDF/HG_Verhalten_im_Baerengebiet_05_06.pdf

Wenn wir eintauchen wollen in diese Welt, die ihre Besucher verschlingt wie es sonst auch die Wildnis Nordamerikas tut, haben wir dazu verschiedene Möglichkeiten: Ein gut ausgebautes Netz an Wanderwegen führt auf 130 Kilometern durch den Nationalpark, es gibt Fahrrad- und sogar Reitwege.

Obwohl die Tiere gerne die Wege der Menschen nutzen, zeigen sich vor allem Bären und Wölfe selten. Genau, wie wir ohne Bärenbegegnung durch Alaska wandern können, passiert es auch in den Bieszczady-Bergen, dass wir keine wilden Tiere zu Gesicht bekommen.

Die Chance aber ist da – und sie ist größer als in anderen Teilen Europas. Das macht den Nationalpark einzigartig.

Gut zu wissen

Die Nationalparkverwaltung hat ihren Sitz im Gebirgsstädtchen Ustrzyki Dolne (Belska 7, 38700 Ustrzyki Dolne). Ein weiteres Informationszentrum des Nationalparks befindet sich im kleinen Grenzdorf Lutowiska (Ustrzyki Górne 19, 38713 Lutowiska). Beide Anlaufstellen sind immer werktags geöffnet. Auf ihrer Webseite informiert die Nationalparkverwaltung auf Polnisch und Englisch über die aktuelle Beschaffenheit der Wanderwege und eventuelle Einschränkungen.

- +48 13 / 461 06 50 • www.bdpn.pl

Eine gute Auswahl an Wanderrouten im Bieszczady-Nationalpark finden wir auf dem Tourenportal www.alltrails.com. Zur Übersicht aller Routen gelangen wir ganz einfach über die Suchfunktion.

AUS DEM BODEN SPRUDELN *Heilkräfte*

Wie in Japan in eine jahrhundertealte Badekultur eintauchen

REGION
Böhmen

JAHRESZEIT
Ganzjährig

Zwischen all den Kirschblüten, zwischen Millionen Menschen, die zu den höflichsten der Welt gehören, all den Schüsseln mit traditionellen Ramen-Nudeln und den Stunden in den schnellsten Zügen der Welt, ist mir von unserer Reise durch Japan vor allem eines in Erinnerung geblieben: die Zeit in dampfenden Thermalbädern. Von denen gibt es auf der Insel, die direkt auf dem pazifischen Feuerring liegt, unzählige.

Das Baden in diesen heißen Becken, deren mineralreiches Wasser als Heilwasser gilt, hat sich für Japaner zu einer festen Tradition entwickelt. Um die Quellen (japanisch: *Onsen*) herum wurden Badehäuser errichtet. Orte der Erholung, die tief in der japanischen Kultur verwurzelt sind.

Für uns waren die *Onsen* wie Eingangstore in diese fremde Kultur, die beste Chance, in die Gesellschaft einzutauchen. Tatsächlich haben sie unsere Reise so tief geprägt, dass ich noch heute täuschend echt Japan-Déjà-vus erlebe, wenn ich mit geschlossenen Augen in dem Becken einer Therme entspanne.

Nicht nur in Japan aber reiht sich eine heiße Quelle an die andere. Sondern auch in unserem Nachbarland Tschechien. Vor allem in der Region um **Böhmen** entspringen zahlreiche Quellen, die auf vulkanische Aktivität zurückgehen.

Genau wie die Japaner haben auch die Tschechen die natürlichen Kräfte früh erkannt und Badehäuser erbaut, die von diesen Thermalquellen gespeist werden. Mittlerweile gehen die Forschungen so weit, dass die unterschiedlichen Mineral-Zusammensetzungen der Quellen genau untersucht worden sind. So gibt es welche, die vor allem Stoffwechselerkrankungen heilen sollen. Andere hingegen therapieren Muskelprobleme, Hauterkrankungen oder Verdauungsstörungen.

In Westböhmen sprudeln auf einer kleinen Fläche besonders viele Quellen aus dem Boden – Grund ist die Lage an einem vulkanischen Graben. Auf dem Gebiet von **Karlovy Vary** entspringen über 60 Quellen: kalte, warme und heiße, zwischen 30 und 75 Grad Celsius.

Karlsbad, die Hauptstadt dieser Region, haben die Thermalquellen regelrecht berühmt gemacht. Die Karlsbader Quellen gehören zu den effektivsten Naturquellen in ganz Europa. Besonderes Aufsehen erregt der Mineralwasser-Geysir mitten im Stadtzentrum von Karlsbad, nahe des Theaterplatzes. Dieser Sprudel schießt gut 73 Grad heißes Wasser bis zu zwölf Meter in die Luft. Ein paar Schritte neben der Fontäne plätschert das abgekühlte Wasser aus mehreren Trinkbrunnen. Das kohlendioxidreiche Wasser schmeckt salzig, säuerlich – manche beschreiben es sogar als modrig. Nichtsdestotrotz werden diesem Quellwasser Heilkräfte nachgesagt. Und daran glauben die Menschen bereits seit vielen Jahrzehnten.

Wer es ruhiger und weitläufiger mag, der ist in einem der kleineren Kurorte richtig:

Der Ursprung tschechischer Thermal-Tradition

Bechyně ist ein kleiner Ferienort in Südböhmen – und, wenn auch etwas unscheinbarer, einer der ältesten tschechischen Kurorte. Seine heilenden Quellen tauchen bereits in einem Briefwechsel von 1576 auf, heute ist der **Bechyně Spa** eine Adresse für lange Kuraufenthalte und Tagesbesucher, die ein paar Stunden Entspannung in ihren Reiseplan einbauen wollen. Das Tagespaket inklusive Sauna und Massage gibt's ab ungefähr 50 Euro pro Person.

- Lázně 202, 391 65 Bechyně, Tschechien • +420 381 / 47 61 00 • www.laznevbechyni.cz (tschechisch und englisch)

Schlammbäder und endlose Wälder

Bělohrad liegt eingebettet in endlose Wälder, im Vorland des Riesengebirges. In Tschechien ist es aber nicht nur dafür bekannt, sondern auch für die schwefel- und eisenhaltigen Bäder. Eine gute Anlaufstelle in Sachen Wellness ist der **Tree of Life Spa**.

- Lázeňská 531, 507 81 Lázně Bělohrad, Tschechien • +420 493 / 76 72 00 • www.treeoflife.cz/de

Die Heilquellen entspringen im Park

Im alten Park in Marienbad, das liegt nur 70 Kilometer nordöstlich von Weiden in der Oberpfalz, entspringen 16 verschiedene Heilquellen, allesamt kalte Quellen mit einer Temperatur zwischen sieben und zehn Grad Celsius. Dank der unterschiedlichen chemischen Zusammensetzung können die Quellen unterschiedliche Krankheiten heilen. Mehr als 100 weitere Heilquellen liegen rings um Marienbad.

Auf der Webseite der Stadt sind in einer Übersicht alle Quellen gut zusammengefasst – inklusive der Koordinaten und der jeweiligen Heilkraft. Dazu auf www.marianskelazne.cz den Menüpunkt »Entdecken« und dann *Quellen* auswählen.

Gut zu wissen

Auf der offiziellen Webseite des Tschechischen Tourismus gibt es eine Übersicht aller Heilbäder und deren spezieller Ausrichtung. Zu finden im Menüpunkt »Aktivitäten« unter *Heilbäder*.

- www.visitczechrepublic.com

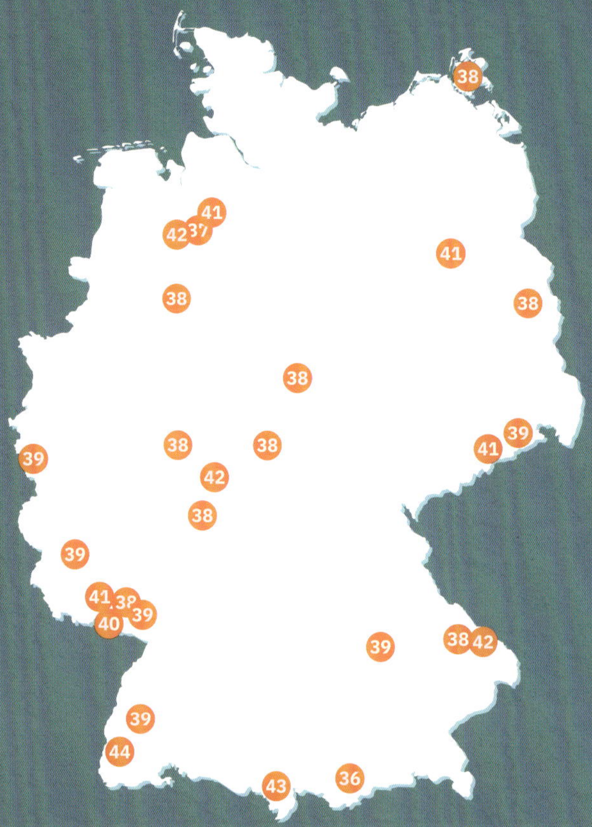

36

Wilde Flusslandschaften und röhrende Hirsche wie in Kanada erleben

37

Wie in Nordamerika in nächster Nähe zu einem Wolfsrudel übernachten

38

Den Indian Summer wie in Neuengland bestaunen

39

Fernwandergefühl wie auf den großen Trails Nordamerikas genießen

40

Abendstimmung zwischen glühenden Felsen wie in Arizona

41

Von der Natur echte Überlebenskünste lernen

42

Im Hundeschlitten durch den Winterwald gleiten

43

Tiefe Canyons wie in den wilden Nationalparks Nordamerikas erkunden

44

Sich zwischen Mammutbäumen und amerikanischen Douglasien ganz klein fühlen

Nordamerika

IM KAJAK DURCH *Nordamerika*

Wilde Flusslandschaften und röhrende Hirsche wie in Kanada erleben

BUNDESLAND
Bayern

JAHRESZEITEN
Frühjahr, Sommer, Herbst

Das Wasser ist smaragdgrün. Sogar noch in zwei Metern Tiefe. Es gibt keine Stelle, an der wir nicht bis zum Boden sehen. So klar, als würden wir mit den Paddeln in Luft stoßen, als würden wir über die kleinen Steine am Boden schweben.

Vor uns schlängelt sich der Fluss zwischen Kiesbetten hindurch, hinter jeder Neigung sieht er anders aus, ist nie gleich. Das Ufer ist wild, teilweise erinnern umgestürzte Bäume an die Hochwasser und Unwetter im Frühjahr. Die Chancen, seltene Tierarten zu sichten, sind groß. Manchmal stehen röhrende Hirsche am Ufer. Die Berge, die rechts und links aus den dichten Nadelwäldern in den Himmel ragen, machen das Panorama perfekt.

Kanada kenne ich bis jetzt nur von Bildern – und viele, die ich gesehen habe, sind an genau so einem Ort aufgenommen worden. Felix, der hinter mir im Kajak sitzt, kommt aus dem Staunen kaum mehr raus. Er ist in Gedanken versunken, und ich muss ihn nicht erst fragen, um zu wissen, wo er festhängt: Er macht eine Zeitreise, knapp zehn Jahre in die Vergangenheit, als er monatelang im wilden Nordamerika unterwegs war. Denn hier, mit dem Kajak auf dem Fluss, ist sein Déjà-vu perfekt.

Dabei ist der Norden Amerikas weit weg, zumindest rein geografisch. Wir paddeln nicht in Kanada, sondern im äußersten Süden Deutschlands. Auf der **Isar** im **Karwendelgebirge**. Das immerhin zählt zu den am dünnsten besiedelten Gebieten in Mitteleuropa.

Dass die endlose Weite hier schon hinter ein paar Bergkämmen wieder aufhört, das spielt gerade in diesem Moment keine Rolle. Mein Blick nach rechts und links reicht ohnehin nur bis zur nächsten Bergflanke, der nach vorne reicht bis zur nächsten Kurve.

Würde ich meinem Gefühl trauen, müsste ich nach jeder dieser Kurven mit einem Bären rechnen – insgeheim ertappe ich mich immer wieder dabei, dass ich nach ihnen Ausschau halte, während wir an wilden Böschungen und endlosen Kiesbänken vorbeipaddeln.

Das **Obere Isartal** ist eine der letzten wilden Flusslandschaften in Deutschland. Hier fühlen sich Tiere und Pflanzen besonders wohl – im Frühjahr sind die Kiesbänke Brutgebiet vieler Vogelarten. Auch der gefährdete Flussregenpfeifer und der vom Aussterben bedrohten Flussuferläufer gehören dazu. Zwischen Mitte April und Anfang August dürfen die Kiesbänke deshalb nicht betreten werden – Kajaker sollten so viel Abstand wie möglich halten.

Als erfahrener Paddler durch Klein-Kanada

Die Tour beginnt am Wanderparkplatz bei Wallgau. Von Norden kommend biegen wir rund 300 Meter vor dem Ortsende von Wallgau nach links in die Isarstraße ab und folgen ihr rund einen Kilometer bis zum Parkplatz (Koordinaten: N 47.519165, E 11.295269). Der beste Einstieg ist am linken Ufer vor oder nach der Wegebrücke.

Achtung: Für die Tour muss die Isar mindestens einen Wasserstand von 30 Zentimetern haben.

Infos zum aktuellen Pegel gibt's online unter www.hnd.bayern.de. Detailkarte: Isar, Rißbachdüker.

Ende der Paddeltour ist in Vorderriß oder an der Geschiebesperre vor der Einmündung in den Sylvensteinspeicher.

Die Befahrungsregeln der einzelnen Abschnitte – auch in Bezug auf Ruhezeiten und Schutzzonen für den Naturschutz können wir auf der Webseite des Deutschen Kanuverbandes einsehen. Auf www.kanu.de im Menüpunkt »Freizeitsport« nach »Tourenplanung« suchen.

- www.kanu.de/FREIZEITSPORT/Befahrungsregeln-75607.html

Als Paddel-Anfänger durch Klein-Kanada

Der ruhigere Abschnitt der Isar verläuft ab der Nordseite des Sylvensteinspeichers Richtung Lenggries. Die Tour beginnt am Fuße der Staumauer des Sees, parken können wir beispielsweise am Parkplatz an der Isarbrücke an der B13 (Koordinaten: N 47.590429, E 11.546832). Wer kein eigenes Kajak hat, kann sich für diese Strecke entweder ein Boot ausleihen, oder sich einer geführten Tour anschließen. Bei **Snow and Raft** ist beides möglich. Online gibt's die beste Übersicht an möglichen Touren.

- www.snow-and-raft.de

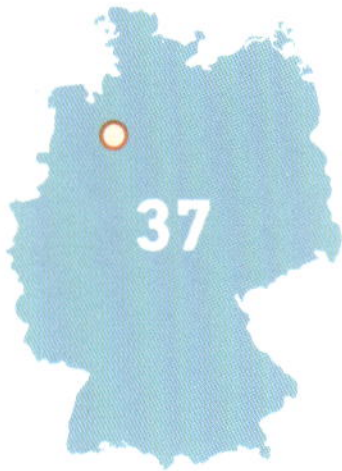

NACHTS HEULEN *die Wölfe*

Wie in Nordamerika in nächster Nähe zu einem Wolfsrudel übernachten

BUNDESLAND
Niedersachsen

JAHRESZEIT
Ganzjährig

Bereit für eine kleine Gedankenreise?

Wir sitzen auf einer Dachterrasse in acht Metern Höhe, mitten im Wald, zwischen Laub- und Nadelbäumen, unter uns ein Baumhaus auf Stelzen.

Das Knacken der Äste bricht die Stille.

Mit den Augen wandern wir von Baum zu Baum, hören ganz gespannt, stehen dann auf und gehen vor bis zum Geländer der Terrasse. Wieder knackt das trockene Holz am Waldboden. Und dieses Mal sehen wir auch, warum:

Eine Gruppe Wölfe streift im Zick-Zack durchs Gehölz, vorbei an unserem Baumhaus. Sie sind so nahe, dass mein Atem automatisch aussetzt. Während sie in unsere Richtung blicken, kann ich direkt in ihre Augen schauen.

Um diese Gedankenreise in ein echtes Erlebnis zu verwandeln, müssen wir gar nicht weit reisen.

Denn während man die Bilder aus den Wäldern Kanadas und Alaskas kennt, in denen Wölfe plötzlich an den

Fenstern von (Ferien)Häusern vorbeiziehen, ist das Rudel unserer Gedankenreise ein deutsches.

Zuhause im Wald Niedersachsens, gut 40 Kilometer südöstlich von Bremen. Um zwischen Menschen und Wölfen zu vermitteln, um die Botschaft zu teilen, dass das Märchen vom bösen Wolf eben genau das ist – ein Märchen –, ist hier das **Wolfcenter Dörverden** entstanden. Eine Auffangstation, die es sich zur Mission gemacht hat, Wölfe zu schützen und über sie aufzuklären.

Die Überzeugung: Wie Wölfe auch in anderen Ländern seit jeher Teil der Natur sind, sei es auch in Deutschland möglich, wieder mit wilden Wölfen zusammenzuleben. Und zwar konfliktarm.

Seit 1904 der letzte Wolf Deutschlands in Sachsen geschossen wurde, gibt es bei uns keine frei lebende Wolfspopulation mehr. Fast zwei Jahrzehnte später, 2002, ist eine Wölfin aus einem Wildpark in Bayern ausgebrochen. Innerhalb eines Jahres hat sie es bis nach Niedersachsen geschafft – ist dann aber versehentlich erschossen worden. Einzelne Wölfe verirren sich seither immer wieder in deutsche Wälder – meistens kommen sie aus unseren Nachbarländern.

Im Wolfcenter Dörverden leben heute zwölf Wölfe, aufgeteilt auf verschiedene Wildgehege.

In einem abgetrennten Bereich engagiert sich das Center außerdem als anerkannte Wolfs-Auffangstation. Dort werden beispielsweise Wölfe versorgt, die bei Unfällen verletzt worden sind.

Das gesamte Areal ist über fünf Hektar groß. Und nachts, wenn die Sonne gesunken und der Himmel voller Sterne ist, dann heulen die Wölfe aus jedem einzelnen Winkel.

Während unsere Augen in der Dunkelheit versuchen, Bewegungen zwischen den düsteren Umrissen der Bäume

auszumachen, ist die Reise perfekt. Längst nicht nur die in Gedanken.

Gut zu wissen

Das **Wolfcenter** ist auch für Tagesbesucher geöffnet: in der Hauptsaison von März bis Oktober immer mittwochs bis sonntags, in der Nebensaison immer samstags, sonntags und feiertags sowie täglich während der Ferien (Niedersachen und Bremen).
Ein Tagesticket umfasst nicht nur den Eintritt, sondern auch eine Führung und Fütterung. Der Besuch des Wolfscenters ist barrierefrei möglich.

- Kasernenstraße 2, 27313 Dörverden • +49 4234 / 94 31 10 • www.wolfcenter.de

Um in die Welt der Wölfe einzutauchen, lohnt sich eine Übernachtung in einem der beiden **Baumhäuser** (werktags von November bis März ab 360 Euro pro Nacht für zwei Personen, inklusive Frühstück, sonst ab 470 Euro). Buchung telefonisch oder online. Neben den Baumhäusern können Besucher auch in Tipi-Zelten oder Zweibettzimmern im Haupthaus übernachten.

- +49 4234 499 95 86 • www.tree-inn.de

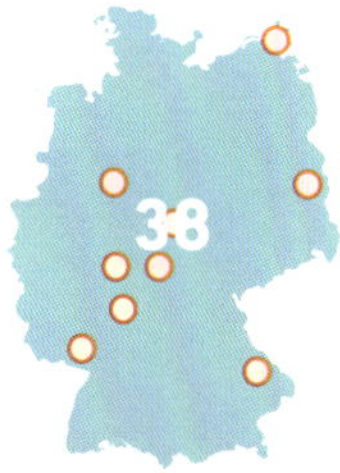

MIT DEM HERBST *kommt die Magie*

Den Indian Summer wie in Neuengland bestaunen

BUNDESLÄNDER
In allen Bundesländern

JAHRESZEIT
Herbst

Wenn im Herbst die Tage noch warm sind, sich nachts aber der erste Frost über die Landschaft legt, dann ist das Naturschauspiel perfekt. Vor allem der Osten Nordamerikas ist berühmt für diese Vorführung, tausende Laubbäume verfärben sich in den Great Plains zwischen Kanada bis in den Süden der USA in die buntesten Farben. Gelb, Gold, Orange, Rot, sogar Lila.

Dieses Schauspiel ist so besonders, dass es einen Namen bekommen hat: Indian Summer. Und der lockt Jahr für Jahr Touristen aus aller Welt in die Laubwälder Nordamerikas.

Deutschland hingegen zieht speziell wegen seiner bunten Herbstlandschaften kaum Touristen an – aber nicht, weil das Naturschauspiel nicht schön genug wäre. Denn tatsächlich ist unsere Ausgangslage eine sehr ähnliche: Auch bei uns gibt es große Laubwälder, die einheimischen Buchen, Linden und Eichen sind weit verbreitet. Und auch das Wetterphänomen, das die bunten Farben besonders intensiv werden lässt, kommt bei uns im ganzen Land vor. In manchen Jahren mehr, in anderen weniger. Die perfekten Temperaturen für buntes Herbstlaub liegen vor allem zwischen Mitte September und Anfang Oktober in der Luft. Die Verbindung aus Nachtfrost und Tageswärme färbt die Blätter besonders intensiv.

Auch wir haben dafür einen Namen, wenn auch einen weniger international bekannten: Das althochdeutsche »weiben« im »**Altweibersommer**« beschreibt beständige frühherbstliche Hochdrucklagen über Mitteleuropa.

Laubbäume regieren darauf mit einer Farbenexplosion ihrer durchschnittlich 30.000 Blätter. Besonders imposant ist das Schausiel in großen Ahorn- oder Buchenwäldern.

Ich bin sicher, wir alle kennen diese Orte in unserer Heimat, die uns im Herbst besonders faszinieren. Und doch gibt es in Deutschland wie auch in Nordamerika Gegenden, in denen sich der Herbst besonders beeindruckend austobt.

Nordrhein-Westfalen
Auf den höchsten Punkt im Eggegebirge

Das **Silberbachtal** im **Teutoburger Wald** ist mit seinen weiten Moosflächen, den Bächen und Steinen zu jeder Zeit magisch. Wenn sich die Laubbäume aber bunt färben, ist die Umgebung fast unwirklich. Ganz besondere Panoramen sind die eindrucksvollen Felsformation der Externsteine und die Velmerstot – die höchste Erhebung des **Eggegebirges**.

Auf dem Zwillingsgipfel steht ein 17 Meter hoher Holzturm. Das Panorama von dort oben erinnert an die weite Landschaft Nordamerikas.

Die rund neun Kilometer lange Wanderung startet am Wanderparkplatz Alte Schule in Leopoldstal (Silbergrund 62, 32805 Horn-Bad Meinberg) und führt in rund zweieinhalb Stunden durch das Silberbachtal auf den Velmerstot und wieder zurück.

Die gesamte Route samt allen Details und den GPS-Koordinaten zum Download finden wir auf der offiziellen Seite der Region: unter www.teutoburgerwald.de im Menüpunkt »Wandern, Radfahren«.

- www.teutoburgerwald.de/wandern-radfahren/in-der-natur/tour/velmerstot-route

Rheinland-Pfalz

Eine Ruine mit Blick über den Pfälzerwald

Die Laubmischwälder mit unzähligen Buchen und Eichen im **Naturpark Pfälzerwald** erstrahlen jeden Herbst in allen Nuancen von hellem Gelb bis zu feurigem Rot.

Von der obersten Plattform der Ruine Gräfenstein haben wir einen Rundumblick über das größte, zusammenhängende Waldgebiet Deutschlands. Die Ruine ist jederzeit zugänglich. Vom Parkplatz rund 30 Kilometer südlich von Kaiserslautern (Koordinaten: N 49.242803, E 7.758195) sind es rund 300 Meter zu Fuß.

Bayern

Zwischen den Baumkronen des Bayerischen Walds

Im Herbst färben sich die Bergmischwälder im **Bayerischen Wald** besonders intensiv. Im **Wandergebiet Rachel** sind kürzere, aber auch längere Wanderungen möglich.

Ein elf Kilometer langer Rundweg startet am Start Parkplatz Gfäll bei Spiegelau (Koordinaten: N 48.960553, E 13.374671) und führt in etwa dreieinhalb Stunden hinauf zum Gipfel des Rachel und über die Kapelle zum Rachelsee.

Auf dem Tourenportal »Outdooractive« gibt's die gesamte Wandertour samt Details und GPS-Koordinaten zum Download.

- www.outdooractive.com/de/route/wanderung/bayerischer-wald/rundweg-rachel-rachelsee/112252169/#dmdtab=oax-tab3

Wer ganz besondere Perspektiven in die knalligen Baumkronen erhaschen will, bekommt die auf dem **Baumwipfelpfad im Steigerwald**. Im Sommer ist der Baumwipfelpfad täglich geöffnet, im Winter von Donnerstag bis Sonntag.

- Radstein 2, 96157 Ebrach • +49 9553 / 98 98 01 02 • www.baumwipfelpfadsteigerwald.de

Sachsen-Anhalt

Wildromantische Farben im Harz

Seit im **Nationalpark Harz** der Beschluss gefallen ist, dass sich die Natur ohne Eingriffe der Menschen den Wald zurückholen darf, breitet sich nach und nach ein natürlich wilder Mischwald aus. Ein besonderes Panorama erleben wir im wildromantischen Ilsetal – und vom höchsten Berg Norddeutschlands aus, dem **Brocken**.

Schöne Wandertouren in beiden Regionen finden wir im Tourenportal der offiziellen Seite des Nationalparks: Eine Auswahl an verschiedenen Routen gibt's im Menüpunkt »Natur erleben«. Die Tour durchs Ilsetal zur Plessenburg hat die Kennung *W3*. Die Wanderung auf dem Goetheweg zum Brocken die Kennung *W1*.

Beide Touren folgen gut ausgebauten Wanderwegen, die Tour durchs Ilsetal fällt mit 13 Kilometern Hin- und Rückweg (drei bis vier Stunden) kürzer aus als die auf den Brocken (18 Kilometer, fünf bis sechs Stunden).

- www.nationalpark-harz.de

Hessen

Hundert Jahre alte Eichen im Spessart

Im **Spessart** wächst der größte, zusammenhänge Mischwald Deutschlands – hier gibt es besonders viele, hundert Jahre alte Eichen. Perfekt für einen Indian Summer im Herzen des Landes. Wild und bunt sind zum Beispiel die Schutzgebiete Rohrberg und Eichhall.

Der Parkplatz Steintor nahe der A3 bei Weibersbrunn ist ein guter Ausgangspunkt für Spazierwege durch die Schutzgebiete. Koordinaten fürs Navi: N 49.926669, E 9.399366.

- www.spessart-tourismus.de

Thüringen

Über dem Farbenmeer im Nationalpark Hainich

Der **Nationalpark Hainich** ist vor allem wegen seines Reichtums an verschiedenen Bäumen so besonders. Bis zu 25 unterschiedliche Arten wachsen auf einem Hektar. Immergrüne Nadelbäume sind kaum darunter, deshalb ist der Farbteppich besonders eindrucksvoll. Den können wir bei kurzen und langen Spaziergängen auf den Waldpfaden beobachten – oder auch aus einer ganz besonderen Perspektive:

Auf über 500 Metern führt ein Baumkronenpfad bis hoch zu den Spitzen der Kronen.

Der Baumkronenpfad beginnt 200 Meter entfernt vom Nationalparkzentrum Thiemsburg – dort starten weitere Wanderungen durch den Nationalpark.

Der Baumkronenpfad ist das ganze Jahr über geöffnet. Ein Lift ermöglicht den barrierefreien Zugang, der Turm

mit Ausblick in 40 Metern Höhe ist allerdings nur über Treppen zu erreichen.

- Thiemsburg 1, 99947 Schönstedt • +49 3603 / 82 58 43 • www.baumkronen-pfad.de

Hessen
Ein außergewöhnlicher Wald im Nationalpark Kellerwald-Edersee

Der Buchenwald im **Nationalpark Kellerwald-Edersee** ist ein perfekter Garant für beeindruckende Herbstfarben. In seiner Größe und Ursprünglichkeit ist er außergewöhnlich für Deutschland.

20 verschiedene Rundwege führen durch das Gebiet, hinzu kommen verschiedene Radwege.

Eine gute Übersicht über alle Routen gibt's auf der offiziellen Nationalpark-Website unter www.nationalpark-kellerwald-edersee.de. Unter dem Menüpunkt »Natur erleben« können wir zwischen einer Auswahl an Wanderwegen und einer an Radwegen wählen.

Mecklenburg-Vorpommern
Auf Rügen an die Küste Kanadas träumen

Es ist fast, als würde der **Nationalpark Jasmund** dem Indian Summer an der kanadischen Ostküste nacheifern: Auch hier auf **Rügen** reichen die Buchenwälder bis an die Küste – dann treffen das satte Orange und das helle Gelb der herbstlichen Blätter auf die dunkelblaue Ostsee.

Der 13 Kilometer lange Hochuferweg zwischen Sassnitz und Lohme bietet tolle Aussichten (siehe Kapitel 46, Seite 172).

Brandenburg
Eine bunte Wanderroute im Schlaubetal

Zwischen Oder und Spree erstrahlt die Landschaft im Herbst goldgelb. Eine Wanderung durch die Erlen und Buchen des Schlaubetals südöstlich von Berlin ist ein Paradebeispiel dafür, dass Indian Summer und Deutschland zusammenpassen.

Der Schlaubetal-Wanderweg führt vom Freibad Müllrose auf 28 Kilometern einmal quer durchs Tal – bis zur Schlaubemühle im Süden. Ein paar Meter weiter an der Bundesstraße liegt eine Bushaltestelle, an der die Ausflugslinie Schlaubetal A400 hält (samstags, sonntags und an Feiertagen, von Mai bis September). Der Bus bringt Wanderer zurück nach Müllrose und hält auch entlang der Strecke für alle, die den Schlaubetal-Wanderweg abkürzen möchten.

Auf www.reiseland-brandenburg.de finden wir alle Details zum Schlaubetal-Wanderweg samt den GPS-Koordinaten zum Download.

- www.reiseland-brandenburg.de/poi/seenland-oder-spree/wandertouren/schlaubetal-wanderweg/?no_cache=1

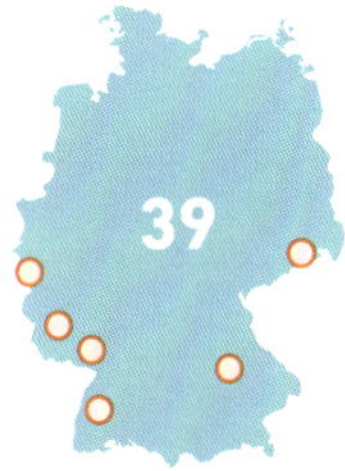

WEIT WANDERN UND *wild Zelten*

Fernwandergefühl wie auf den großen Trails Nordamerikas genießen

BUNDESLÄNDER
Fast überall in Deutschland

JAHRESZEITEN
Frühjahr, Sommer, Herbst

Durch wilde Landschaften wandern, losgelöst, mit dem Rucksack auf dem Rücken und allem im Gepäck, was wir zum täglichen (Über)Leben brauchen. Abends vor dem Zelt sitzen, der Stille zuhören und Sternbilder am Nachthimmel suchen. Nachts träumen wir von endloser Freiheit. Ein Traum, der auch mit dem Sonnenaufgang nicht aufhört. Ein Weitwander-Traum ist das, und während wir seine Bilder in Gedanken ausmalen, taucht bei den meisten von uns wahrscheinlich die verlassene Wildnis Nordamerikas auf.

Spätestens, seit der Pacific Crest Trail, der auf über 4.200 Kilometern von Mexiko über Kalifornien, Oregon und Washington nach Kanada führt, durch den Film *Wild* berühmt geworden ist, gehören Amerika und Weitwandern irgendwie zusammen.

Einige der längsten Wege führt durch die USA, durch wilde, unberührte Natur. Der weltweit längste, der Great Trail, verbindet auf 24.000 Kilometern die kanadische Ost- mit der Westküste.

Deutschland und Weitwandern will nicht so recht zusammengehören – zumindest nicht auf den ersten Gedanken. Das liegt wahrscheinlich vor allem daran, dass Zelten generell verboten ist. Und damit hört der Traum von der Weitwanderung auf, bevor er überhaupt angefangen hat.

Was viele nicht wissen: Deutschland und Weitwandern, und sogar Deutschland und Zelten – das passt immer besser zusammen.

Den Trekkingcamps sei Dank.

Die ersten **Trekkingcamps** sind vor einigen Jahren in der Pfalz entstanden, mittlerweile kommen Jahr für Jahr neue Camps in immer mehr Regionen hinzu. Hier ist es ganz legal, das Zelt mitten im Wald aufzuschlagen. Während wir abends vor unserem Zelt sitzen und am nächsten Tag nichts anderes zu tun haben, als weiter zu wandern – dann ist das Gefühl wie auf jeder Fernwanderung perfekt. Und die Freiheit genauso groß wie auf den Trails in Nordamerika.

Rheinland-Pfalz
Die große Freiheit in der Eifel

Dichte Wälder, unzählige Seen und beeindruckende Moorlandschaften: Der **Naturpark Hohes Venn-Eifel** ist ein Paradies für Wanderer – und nirgendwo in Deutschland gibt es mehr Möglichkeiten, nicht nur die Tage, sondern auch die Nächte in der Wildnis zu verbringen.

Jedes Trekkingcamp ist mit einer Komposttoilette ausgestattet, die Zelte können auf Plattformen aufgeschlagen werden. Verpflegung müssen Wanderer selbst mitbringen.

Eine Übernachtung (möglich zwischen April und Oktober) kostet zehn Euro pro Zelt und muss vorher online gebucht werden. Mit der Buchungsbestätigung werden dann eine Wegbeschreibung und die genauen GPS-Koordinaten versendet.

www.trekking-eifel.de

Rheinland-Pfalz

Zelten am Saar-Hunsrück-Steig

Der **Saar-Hunsrück-Steig** führt auf insgesamt 410 Kilometern vom saarländischen Perl an der Mosel über **Idar-Oberstein** und den Hunsrück bis nach **Boppard am Rhein**. Mittlerweile gibt es entlang des Steigs drei Trekkingcamps, die auch per Tageswanderung erreichbar sind. Alle Camps im Nationalpark Hunsrück-Hochwald sind mit Bank und Tisch ausgestattet, mit einer Komposttoilette und mit jeweils zwei Plattformen für die Zelte. Wasser und Verpflegung bringen die Wanderer selbst mit.

Eine Übernachtung (möglich zwischen April und Oktober) kostet zehn Euro pro Plattform und muss vorher online gebucht werden.

www.nationalpark-hunsrueck-hochwald.de

Sachsen

Zwischen den Tafelbergen der Sächsischen Schweiz

In der **Sächsischen Schweiz** gibt es nicht nur Plätze, auf denen wir mitten im Wald ganz legal biwakieren dürfen (siehe Kapitel 33, Seite 112), sondern auch mehrere Trekkingcamps für unsere Zelte. Eine Besonderheit sind die fünf Trekkinghütten, die Wanderern ohne Zelt oder bei schlechtem Wetter als Unterkunft mitten im Wald zur Verfügung stehen.

Die Zeltplätze und Hütten dürfen mit einem Trekkingticket genutzt werden. Eine Hüttenübernachtung kostet zehn Euro, ein Biwakplatz fünf Euro. Die Übernachtungen sind möglich zwischen April und Oktober.

Übrigens: Alle Plätze liegen auf dem rund 100 Kilometer langen **Forststeig Elbsandstein**.

www.forststeig.sachsen.de

Schleswig-Holstein

Wilde Plätze für Wanderer und Radfahrer

Zusammen mit engagierten Anwohnern bietet die **Stiftung Naturschutz** Wanderern, Rad- und Kanufahrern wilde Zeltplätze an: auf dem Feld eines Hofs, im Wald, am Deich oder an einem See. Mittlerweile gibt es über 20 solcher Plätze – manche von ihnen sind mit einer Toilette ausgestattet, andere hingegen haben keinerlei Ver- oder Entsorgungsmöglichkeiten. Die Übernachtung ist dafür in der Regel kostenlos.

www.wildes-sh.de

Bayern

Trekking zu Fuß oder mit dem Boot

Tausende Kilometer an Wanderwege, zwischendrin immer wieder Plätze im Wald, auf denen wir unser Zelt aufschlagen können. Für kleine Wochenend-Abenteuer, aber auch für weite Wanderungen. Insgesamt 17 Trekkingcamps verteilen sich auf den Frankenwald, den Spessart und den Steigerwald.

Die Zeltplätze (je nach Region zwischen fünf und zehn Euro pro Zelt) müssen vorher online gebucht werden. Die genauen Koordinaten der Plätze im Frankenwald werden mit der Zahlungsbestätigung versendet. Übernachtungen sind möglich zwischen April und Oktober.

www.trekking-bayern.de

Wer gerne zu Wasser unterwegs ist, kann die knapp 160 Kilometer lange **Bootswanderstrecke** auf der **Altmühl**

erkunden. Die verbindet Gunzenhausen und Kelheim – entlang der Route liegen acht Zeltplätze direkt am Wasser. Alle sind mit einem WC ausgestattet, viele außerdem mit einem überdachten Unterschlupf und einer ausgewiesenen Feuerstelle. Das Informationszentrum Naturpark Altmühltal nimmt Reservierungen entgegen (ab fünf Euro pro Zelt). Wanderer, die zu Fuß unterwegs sind, können die Plätze ebenfalls nutzen.

www.naturpark-altmuehltal.de/bootwandern

Rheinland-Pfalz

Deutschlands erste Trekking-Camps

15 Trekkingcamps machen das Zelten mitten im **Biosphärenreservat Naturpark Pfälzerwald** ganz offiziell möglich. Alle Plätze sind nur zu Fuß erreichbar und verfügen über bis zu sechs Lagerplätze, eine Feuerstelle mit rustikalen Sitzmöglichkeiten und ein einfaches Toilettenhäuschen. Wasser und Verpflegung müssen Wanderer selbst mitbringen.

Übernachtungen sind zwischen April und Oktober möglich (zehn Euro pro Zelt). Die genauen Koordinaten bekommen wir nach der Buchung per E-Mail zugeschickt.

www.trekking-pfalz.de

Vier weitere Trekkingcamps gibt's außerdem im **Soonwald**: entlang des 85 Kilometer langen Steigs, der von Kirn nach Bingen am Rhein führt. Vor Ort gibt es kein Trinkwasser, keine Verpflegungsmöglichkeiten oder Mülleimer. Auch hier ist eine Übernachtung zwischen April und Oktober möglich, die Buchung erfolgt ebenfalls online (zehn Euro pro Zelt).

www.soonwaldsteig.de

Baden-Württemberg

Im Bäumemeer des Schwarzwalds

Insgesamt neun Trekkingcamps sind über den gesamten **Schwarzwald** verteilt. Sechs davon liegen zwischen Baden-Baden und Freudenstadt und sind nur zu Fuß erreichbar. 2020 kamen drei kleine Naturzeltplätze am Weitwanderweg Albsteig bei St. Blasien, Menzenschwand und Dachsberg im Südschwarzwald hinzu. Alle Schwarzwald-Camps lassen sich auf einer mehrtägigen Tour miteinander verbinden.

Eine Übernachtung (möglich zwischen April und Oktober) kostet zehn Euro pro Zelt und muss vorher online gebucht werden.

www.trekking-schwarzwald.de

Gut zu wissen

Genaue Informationen zur Tourenplanung und zur Erreichbarkeit der einzelnen Trekkingcamps finden sich auf den jeweiligen Webseiten der Regionen. Es ist wichtig, sich vorab über die entsprechenden Nutzungsbedingungen zu informieren: Bei einigen Plätzen ist Feuermachen zum Beispiel strikt untersagt, manche haben keine Trinkwasserversorgung oder liegen außerhalb der Mobilfunk-Abdeckung. Manche Trekking-Camps sind dafür mit Hütten ausgestattet, in denen es einfache Übernachtungsplätze gibt. Generell gilt das Prinzip von *»Leave no Trace«*, das sich kurz so zusammenfassen lässt: »Nimm nichts mit außer Erinnerungen, hinterlasse nichts als Fußspuren.«

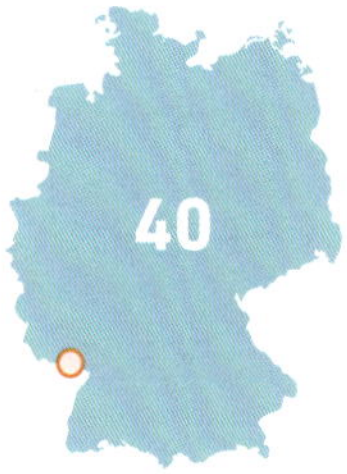

FELSEN IM *Farbenspiel*

Abendstimmung zwischen glühenden Felsen wie in Arizona

BUNDESLAND
Rheinland-Pfalz

JAHRESZEITEN
Frühjahr, Sommer, Herbst

Wenn die Sonne mit den Felsen spielt, wenn die Farbtöne zwischen Ocker, Orange und Blutrot wechseln. Wenn das Licht die Wände weich werden lässt und zu jeder Tageszeit neue Bilder auf den Stein zeichnet – dann stehen wir sehr wahrscheinlich zwischen den Felswänden eines berühmten Canyons im US-Bundestaat Arizona.

Oder aber, wir wandern durch den Pfälzer Wald und sind beim **Altschlossfelsen** bei Eppenbrunn angekommen.

Genau wie in einem der zahlreichen Canyons der USA, einer der berühmtesten ist der Antelope Canyon, dreht sich das Erlebnis am Altschlossfelsen in Deutschlands größtem zusammenhängenden Waldgebiet weniger um den Ort an sich. Was viel mehr zählt, ist die besondere Stimmung, wenn die Sonnenstrahlen zur richtigen Zeit im richtigen Winkel auf das Gestein fallen. Dann sehen die Felsen aus, als würden sie glühen. Als wären sie zu heiß, um sie zu berühren.

Vielleicht ertappen wir uns dann dabei, wie wir zwischen den Wänden stehen und kaum mehr wagen, uns zu bewegen. Aus Angst, die Stille damit zu brechen, den magischen Moment in Luft aufzulösen.

Es ist nur ein paar wenige Jahre her, da war der Antelope Canyon in der Wüste Arizonas ungefähr so unbekannt wie der Altschlossfelsen im Wald der Pfalz. Das hat sich erst 2014 von heute auf morgen geändert, als der Fotograf Peter Lik das teuerste Foto der Welt verkaufte. »Phantom« heißt sein Schwarz-Weiß-Werk – aufgenommen im Antelope Canyon.

Obwohl auf diesem Bild noch nicht einmal das außergewöhnliche Farbspiel zu erahnen ist, schieben sich seither immer mehr Touristen durch den engen Spalt zwischen den Felswänden.

Die meisten Besucher kommen ausgestattet mit einer Kamera und dem Wunsch, einmal auf dem Spielfeld von Sonne und Felsen zu stehen. Die Farben, das Licht und den Felsen dabei zu beobachten, wie sie sich verändern. Während ihre Uhr tickt, an einem Ort, der zeitloser nicht sein könnte, weil die nächsten Touristen warten.

Am Altschlossfelsen haben wir hingegen alle Zeit der Welt.

Tipp für Fotografen

Wenn die Sonne im Frühjahr kurz vor Sonnenuntergang zwischen den Felsen durchstrahlt, entsteht rein optisch ein Glühen. Es sieht aus, als würden die Strahlen direkt aus dem Spalt leuchten. Ein guter Zeitpunkt, den Effekt mit der Kamera festzuhalten, ist im April, wenn die Bäume noch nicht zu viele Blätter tragen.

Die gesamte Felsgruppe um den Altschlossfelsen ist mittlerweile sowohl als Natur- wie auch als Kulturdenkmal ausgewiesen – sie ist die größte Felsformation der Pfalz, ungefähr eineinhalb Kilometer lang und bis zu 30 Meter hoch. Entstanden durch das wechselhafte Zusammenspiel aus Wind, Wasser, Frost und Hitze. Genau wie die Canyons in der Wüste Arizonas besteht auch sie aus Sandstein.

Genau wie die Canyons in Arizona leuchtet sie in einem strahlenden Orange, das in der Abenddämmerung noch intensiver scheint. Auch, weil der Altschlossfelsen eingebettet ist in das dichte, grüne Blätterdach des Pfälzer Waldes.

Gut zu wissen

Die Felsformationen ist über einen gut ausgeschilderten Wanderweg erreichbar – der **Altschloss-Pfad** zählt zu den ausgezeichneten Premium-Wanderwegen. Start der rund zehn Kilometer langen Tour ist der Wanderparkplatz in Eppenbrunn (Neudorfstraße 2, 66957 Eppenbrunn). Dauer: ungefähr drei Stunden bei gemütlichem Tempo. Die gesamte Route mit allen Details und den GPS-Koordinaten zum Download gibt's auf dem Tourenportal www.wanderarena.com.

- www.wanderarena.com/altschloss-pfad.html#dmdtab=oax-tab4

Mitten im dichten Grün des Pfälzer Waldes liegt der leuchtend orange Altschlossfelsen. ▼

DIE WILDNIS-SCHULE *im Wald*

Von der Natur echte Überlebenskünste lernen

BUNDESLÄNDER
Fast überall in Deutschland

JAHRESZEITEN
Frühjahr, Sommer, Herbst

Alaska. In den meisten Tagträumen sind das endlose Wälder, glasklare Flüsse, wilde Berge. Echte, ungestörte Wildnis, unberührte Natur.

Wer hier lebt, der darf sich mit gutem Gewissen Survival-Experte nennen. Wer in der Wildnis Alaskas klar kommt, ist ein echter Überlebenskünstler.

Und alle, die ein kleines bisschen dieser Fähigkeiten erlernen wollen, alle, die die gesamte Natur zu ihrer Wohlfühlzone erklären wollen, die reisen in die Wildnis Alaskas, um sich schulen zu lassen.

Oder aber – oder wir reisen in die Wälder Deutschlands, um uns von der Wildnis schulen zu lassen. Denn auch hier gibt es erfahrene Outdoor-Survival-Experten, die Trainings anbieten. Mitten im Wald, außerhalb der Zivilisation und definitiv außerhalb der durchschnittlichen Wohlfühlzone. Aber das kann ich ja ändern.

Survival-Wochenende für Einsteiger

In der Natur ganz ohne Hilfsmittel auszukommen, und das für eine längere Zeit, darum drehen sich die Einsteiger-Survival-Wochenenden von **Bushcraft** in Niedersachsen und Brandenburg. Es geht zum Beispiel um den Bau einer Notunterkunft, Orientierung in wildem Gelände und Nahrung aus der Natur. Survival-Grundwissen ab 149 Euro pro Person.

+49 177 781 93 55 • www.bushcraft-north.de

Kurse für wahre Überlebenskünstler

Hier geht es nicht nur ums Überleben, sondern um das richtige Leben in der Natur. Das Kursangebot von **Lebe die Wildnis** reicht vom Survival-Training für Anfänger über Fortgeschrittene bis hin zu einem »4 Tage Survival Extreme« im **Pfälzerwald**. Mit minimaler Ausrüstung, Nahrung aus der Natur und anderen Schlafplätzen für jede Nacht (349 Euro pro Person).

Dazu gibt es speziell Kurse für Familien und Jugendliche. Bei allen Kursen steht die Natur im Vordergrund. Ziel ist es, mit ihr im Einklang zu (über)leben.

+49 172 791 67 84 • www.lebe-die-wildnis.de

Überleben auf einer einsamen Insel

Sieben Tage intensives Überlebenstraining – und zwar auf einer einsamen Insel. Die rund 42 Hektar große, menschenleere **Insel Werder** liegt in Brandenburg. Neben den allgemeinen Überlebenskünsten dreht sich hier viel um besonders tückische Situationen: Boots- und Floßbau, Angeln und Gewässerkunde. Am letzten Tag verlassen die Teilnehmer die Insel mit selbstgebauten Wasserfahrzeugen in Richtung Zivilisation (660 Euro pro Person).

+49 351 / 656 76 80 •
www.earthtrail.de/survival-training-ausbildung

Überlebenstrainings speziell für Frauen

Leider ist es noch heute so, dass sich Frauen alleine in der Natur oft unsicherer fühlen als Männer. Um dieser Tatsache gegenzusteuern, gibt es Survival-Kurse speziell für Frauen. Neben Grundwissen zum Überleben in der Natur geht es dabei auch um die innere Grundhaltung. Ziel ist es, die körperliche und die psychische Komfortzone zu erweitern. Geleitet werden die Kurse für Frauen natürlich von Frauen, in einem Wald in **Sachsen** (260 Euro pro Person).

+49 351 / 656 76 80 •
www.earthtrail.de/survivalkurs-frauen-deutschland

Spezialkurs: Überleben in Eis und Schnee

Drei Tage Schnee und Kälte: Bei diesem Spezialkurs dreht sich alles ums Überleben im Winter. Der Fokus des Trainings liegt auf Kälteschutz und Wärmeerhalt. Winterrelevante Überlebenstechniken wie der sichere und kraftsparende Einsatz von Axt und Messer, der Bau von Behelfsschneeschuhen und das sinnvolle Verhalten nach Einbruch ins Eiswasser stehen auf dem Programm (270 Euro pro Person).

+49 351 / 656 76 80 •
www.earthtrail.de/winter-survival-deutschland

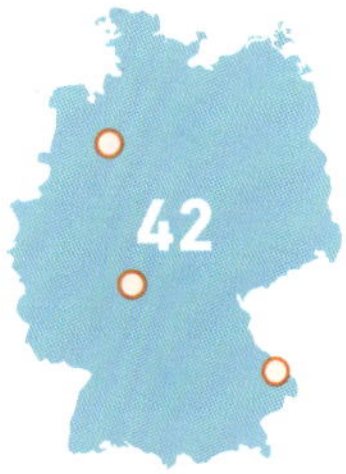

MIT HUSKYS im Tiefschnee

Im Hundeschlitten durch den Winterwald gleiten

BUNDESLÄNDER
Bayern, Hessen, Niedersachsen

JAHRESZEIT
Winter

In den nördlichsten Regionen der Erde, in der tiefen Wildnis Alaskas und Kanadas, aber auch in Sibirien gehören Schlittenhunde zum Alltag genau wie die Kälte, die Weite und der Schnee.

Die Fahrt mit Hundeschlitten ist mehr als ein Hobby, mehr als eine Leidenschaft – für viele Menschen im hohen Norden ist der Hundeschlitten noch heute ein ganz reguläres Fortbewegungsmittel. Gerade dort, wo die Landschaft für viele Monate im Jahr im Schnee versinkt und die Kälte regiert. Ein Motor springt bei zweistelligen Minusgraden oft nicht mehr an – Huskys aber, die laufen immer. Und die Gefahr, mit ihnen irgendwo im tiefen Wald liegen zu bleiben? Die gibt es quasi nicht, wenn der *Musher*, der Hundeführer, seine Tiere gut kennt.

Hinzu kommt das Erlebnis, allein durch die Kraft der Hunde durch die stille Natur zu reisen. Um diesem Gefühl selbst auf die Spur zu kommen, müssen wir nicht in die nördlichsten Regionen der Erde reisen: Auch in deutschen Wäldern sind Hundeschlitten unterwegs. Die Tradition der *Musher* hat die Weltmeere längst gequert.

Bayern
Lernen in der ersten Deutschen Schlittenhundeschule

Im Bayerischen Wald, nahe an der tschechischen Grenze, gibt es zum Beispiel so einen *Musher*. Jahrelang fuhr er mit seinem Husky-Gespann erfolgreich Rennen, ist mit seinen Hunden in die nördlichsten Ecken der Welt gereist. Bis nach Kamtschatka am äußersten Ende Sibiriens. Heute ist er mit seinen Huskys im Bayerischen Wald unterwegs – und lässt Gäste und Schüler an seinen Erfahrungen Teil haben.

Denn Thomas Gut, so heißt der *Musher* aus dem Bayerischen Wald, will sein Wissen vor allem an jene weitergeben, die tiefer in die Tradition der Schlittenhunde eintauchen wollen. Die Wintermonate über widmet er sich Schülerinnen und Schülern, die sich ein Wochenende lang selbst als *Musher* versuchen wollen. Dieser Schnupperkurs kostet inklusive Überachtung und Verpflegung 499 Euro.

Nach einer Einweisung in die Hundeversorgung und Grundlagen der Fahrtechnik lenken die Gäste eigene Schlitten durch die Natur.

Wem das immer noch nicht reicht – der kann auch eine ganze Woche auf dem Hof verbringen.

Flanitzmühle 9, 94258 Frauenau • +49 9926 / 731 • www.waldschrat-adventure.de

Hessen
Mitten in Deutschland oder tief im Norden?

Wenn wir uns mit einem Hundeschlitten durch die Wälder der Rhön ziehen lassen, dann sind wir uns schon nach kurzer Zeit nicht mehr ganz sicher: Ist das wirklich noch Deutschland – oder sind wir im hohen Norden angekommen?

Huskys, gerettet aus Tierschutzprojekten, ziehen Gäste für ein paar Stunden durch den Schnee – oder auch länger auf unterschiedlichen Mehrtagestouren. Außerdem gibt es Workshops, bei denen wir die Schlitten für ein paar Stunden selbst lenken dürfen (189 Euro pro Person).

- In der Kemmete 3, 36119 Neuhof/Hauswurz • +49 173 187 85 43 • www.husky-tours.net

Niedersachsen

Auf dem Husky-Schlitten durch die Nacht

Während die dunklen Umrisse der Bäume vorbeiziehen, rennen die Hunde im Schein der Stirnlampe. Der Huskyhof Ridderade bietet unter anderem auch Mondscheintouren an (179 Euro pro Person), magische Momente sind garantiert.

Alle Huskys des Hofs sind gerettete Tiere, die eine weniger schöne Vergangenheit hinter sich haben. Ein entschiedener Aspekt der Philosophie des Huskyhofs **Ridderade** ist es, diese Hunde wieder in ein intaktes Rudel einzugliedern.

- Ridderade 47, 27239 Twistringen • +49 4246 / 96 45 81 • www.hundetouren.de

Auf artgerechte Haltung achten

Wenn Erlebnisse gemeinsam mit Tieren stattfinden, sollten wir unbedingt darauf achten, nur Anbieter zu unterstützen, die eine artgerechte Haltung gewährleisten. Das fängt dabei an, dass die Tiere in einer Umgebung leben, die auf ihre Grundbedürfnisse ausgelegt ist – und hört dabei auf, dass nicht das Geschäft, sondern das Tierwohl im Vordergrund steht. Viele Anbieter haben Infos dazu auf ihrer Webseite untergebracht. Bei allen anderen schadet es im Zweifel nicht, konkret nachzufragen.

AM ENDE DES WEGES *beginnt das Abenteuer*

Tiefe Canyons wie in den wilden Nationalparks Nordamerikas erkunden

BUNDESLÄNDER
Bayern, Baden-Württemberg

JAHRESZEITEN
Frühjahr, Sommer, Herbst

Fast immer, wenn ich draußen in der Natur unterwegs bin, an einem Aussichtspunkt stehe oder auf einem Gipfel sitze, dann spiele ich in Gedanken ein Spiel: Während ich mit den Augen die Landschaft abwandere, versuche ich mir auszumalen, wie es dort unten wohl aussieht. Ich wandere von West nach Ost, vom Norden bis in den Süden und kreuz und quer in jeden Winkel, zu dem ich sehen kann. Und frage mich dann, was sich dort verbirgt, wohin mein Blick nicht mehr reicht.

Was verbirgt sich hinter der letzten Reihe Tannen?

Was passiert hinter der letzten Bergkette?

Wie geht es auf der anderen Uferseite des Sees weiter?

Je wilder die Gegend, in der ich gerade unterwegs bin, je unerschlossener das Gebiet, desto lauter werden die Fragen in meinem Kopf.

Ich bin fasziniert von jedem Fleckchen Erde, das nur selten von Wanderschuhen berührt wird. Dort, wo die ausgetretenen Wege aufhören, fängt das Abenteuer erst richtig an.

Wenn durch ein Gebiet keine Wege führen, dann hat das unterschiedliche Gründe. Zum einen könnte es sein, dass es sich um eine besonders geschützte Region handelt mit seltenen, empfindlichen Tier- und Pflanzenarten. Wir haben dort, abseits der für uns angelegten Pfade, nichts zu suchen.

Zum anderen gibt es wilde Regionen, die in Wanderführern (noch) keinen Platz gefunden haben. Zum Beispiel, weil sie zu abgelegen sind, nicht erschlossen, in einem Land liegen, dessen Bewohner beim besten Willen nicht begreifen können, warum man zu Fuß und vor allem zum Spaß durch die Natur laufen sollte, wenn man auch viel einfacher auf Straßen unterwegs sein könnte. Oder auf dem Rücken der Pferde.

Zu guter Letzt gibt es Gebiete, durch die keine Wege führen, weil die Natur dafür keinen Zentimeter Platz gelassen hat. Das Terrain ist rau, unwegsam. Zum Beispiel in Schluchten, in Canyons, in wilden Bergregionen.

Aus Faszination für dieses raue Terrain hat sich eine Sportart entwickelt: **Canyoning**. Nicht zu verwechseln mit Canoeing, das den Kanusport beschreibt.

Mit einem Kanu hat Canyoning nämlich nichts zu tun. In ihm steckt der Canyon, die Schlucht. Das Abenteuer beginnt dort, wo der Weg aufhört.

Beim *Schluchteln* – diese Übersetzung haben die Österreicher etabliert – wird die Schlucht von oben nach unten erkundet. Und weil wir dabei in einem Terrain unterwegs sind, das unwegsamer nicht sein könnte, nicht weniger gemacht für Wanderschuhe, wird viel geklettert und abgeseilt. Gesprungen, geschwommen, gekrochen, manchmal sogar getaucht. Je tiefer die Schlucht, je enger die Wände, desto dunkler wird es. Die Luft ist nass, das tosende Wasser übertönt alle anderen Geräusche. Die Welt dort unten endet mit dem Lichtkegel unserer Stirnlampe.

Obwohl Canyoning ursprünglich in Frankreich und Spanien populär geworden ist, begeistert die Sportart vor allem in Kanada und den USA immer mehr Menschen. Das ist kaum verwunderlich, oder?

Wo passt es besser, sich mit Seilen und Neoprenanzügen durch enge Schluchten zu wagen, als auf dem Kontinent, der für seine großen und tiefen Canyons berühmt ist?

Für Abenteurer in Deutschland, die weiter wollen als bis zum Ende der Wanderwege, ist das Allgäu die richtige Adresse. Die zerklüftete Alpenlandschaft gilt als eine der besten Regionen zum Canyoning. Besonders spektakulär ist eine Durchquerung der **Starzlachklamm** bei Sonthofen.

Das bieten zum Beispiel die **Canyonauten** an – für Einsteiger und Profis. Der Zustieg zur Klamm ist mit nur 20 Minuten recht kurz, dann beginnt das eigentliche Abenteuer: In der Starzlachklamm warten bis zu acht Meter hohe Wände, die wir nur per Abseilen passieren können, Sprünge in sprudelnde Becken aus bis zu sieben Metern Höhe und eine Fast 17 Meter lange Wasserrutsche.

Insgesamt dauert das Abenteuer zwischen drei und fünf Stunden – inklusive fachgerechter Einweisung. Die Saison reicht von Mai bis Oktober, täglich gibt es jeweils einen Vormittags- und einen Nachmittagstermin. Kosten pro Person ab 89 Euro inklusive Equipment.

- An der Eisenschmelze 14, 87527 Sonthofen • +49 8321 / 220 54 77 • www.canyonauten.de/canyoning-starzlachklamm

Die Starzlachklamm ist nicht die einzige Schlucht, in der das Ende des Wanderwegs erst der Anfang ist: Wer sachter einsteigen will, kann mit den Canyonauten beispielsweise den **Plansee** erkunden, wer noch mehr Abenteuer will, treibt den Adrenalinpegel im **Schwarzwasserbach** in die Höhe.

Egal wo: Die Uhren ticken dort unten, in wilder Natur, umgeben von Fels und Wasser, sowieso in einem anderen Takt. Ob sich außerhalb des Lichtkegels unserer Stirnlampe die Wildnis Nordamerikas oder die Bergwelt der Allgäuer Alpen erstreckt?

Das spielt unten in der Schlucht keine Rolle.

Ist Canyoning das Richtige für mich?

Wir müssen keine Profi- oder Hochleistungssportler sein, dennoch sind eine gesunde Fitness und Beweglichkeit Voraussetzung für die meisten Touren. Schwimmkenntnisse sind ebenfalls Pflicht, Höhenangst eher hinderlich. Das Mindestalter liegt meist bei 14 Jahren, manche Anbieter bieten Touren speziell für Kinder an.
Achtung: Alleine in eine Schlucht sollten sich nur Canyoning-Experten wagen, die sowohl mit der Technik als auch mit der Geografie der Schlucht ausreichend Erfahrung haben.

WALDTRAUT vom Mühlwald

Sich zwischen Mammutbäumen und amerikanischen Douglasien ganz klein fühlen

BUNDESLAND
Baden-Württemberg

JAHRESZEIT
Ganzjährig

Die Weite Nordamerikas ist durchzogen von Wäldern. Bäume reihen sich an Bäume – soweit das Auge reicht und sogar darüber hinaus. Diese Bäume sind aber nicht irgendwelche: Die weit verbreiteten Mammutbäume und Douglasien, die die westlichen Gebirgszüge von Kanada durch die USA bis nach Mexiko besiedeln, sind in der Regel größer als alle anderen.

Über 100 Meter ragen die Höchsten von ihnen gen Himmel. Wenn wir zwischen ihren Stämmen durchwandern und nach oben blicken, dann sehen wir die Baumkronen nur, wenn wir unseren Kopf so weit es geht in den Nacken legen.

Zwischen solchen Giganten könnte ich mir selbst nicht kleiner vorkommen. Das Gefühl, von ihnen umzingelt zu sein, ist eine seltsame Mischung aus Ehrfurcht und Faszination. Ein Gefühl, dass wir nicht mehr vergessen werden. Und ein Gefühl, dem wir auch in Deutschland nahe kommen können.

Deutschlands höchster Baum kratzt an der 70-Meter-Marke. Er hat sogar einen Namen. Nein, besser geht: Sie hat sogar einen Namen: **Waldtraut vom Mühlwald**.

Was sehr deutsch klingt, ist es eigentlich gar nicht. Denn Waldtraut, die im Stadtwald von **Freiburg** am Fuße des Schwarzwaldbergs Schauinsland wächst, ist eine waschechte Amerikanerin. Eine Douglasie sogar, die 1913

von der nordamerikanischen Westküste in den Schwarzwald geholt wurde. Waldtraut war gerade einmal drei Jahre alt.

Damals haben Förster Baumarten aus Nordamerika zum Test auf einer Höhe von knapp 500 Metern über dem Meeresspiegel gepflanzt. Einerseits, um die Vielfalt an unterschiedlichen Baumarten, die in Mitteleuropa unter der letzten Eiszeit arg gelitten hat, wieder zu bereichern. Andererseits, weil sich die heimischen Bäume an dem feuchten Hang noch nie gut entwickelt haben.

Für Waldtraut hingegen ist der Standort perfekt – und nicht nur für sie: denn sie wächst umgeben von einer ganzen Douglasien-Kolonie. Und das schon seit 110 Jahren.

Noch immer wird Waldtraut von Jahr zu Jahr größer: Im Schnitt um gut 30 Zentimeter.

Förster nutzen Waldtraut übrigens, um mehr Menschen in den Wald zu locken und über dieses wertvolle, aber sehr empfindliche Ökosystem zu informieren. Im Freiburger Stadtwald ist das ein ganz besonderes: Rund 1.300 Arten aus fünf Kontinenten mischen sich hier mit unseren heimischen Pflanzen und Bäumen. Darunter sind auch andere Giganten, die wir aus Nordamerika kennen: Mammutbäume.

Gut zu wissen

Vom Wanderparkplatz entlang der Schauinslandstraße im Stadtteil Freiburg Günterstal (Koordinaten fürs Navi: N 47.954792, E 7.864177) und von der Bushaltestelle Kyberg sind es entlang des Illenberg- und des Mühlwaldwegs knapp zwei Kilometer zum höchsten Baum Deutschlands. Waldtraut vom Mühlenwald ist unter den Koordinaten N 47.953407, E 7.861109 zu finden. Schon unterwegs gibt es viel zu entdecken: Zahlreiche Infotafel klären über botanische Besonderheiten aus aller Welt auf, die den kompletten Weg säumen.

Die **Stiftung Waldhaus Freiburg** bietet auf Anfrage Führungen an.

- Wonnhaldestraße 6, 79100 Freiburg • +49 761 / 89 64 77 10 • www.waldhaus-freiburg.de

◄ Im Freiburger Stadtwald mischen sich Pflanzen und Bäume von fünf Kontinenten mit unseren heimischen Arten. Ein paar Riesen stechen buchstäblich besonders hervor.

45
Am Strand nach Meeresbewohnern Ausschau halten wie in Neuseeland

46
Eine aussichtsreiche Küstenwanderung wie im neuseeländischen Abel-Tasman-Nationalpark

47
Momente wie im australischen Outback

48
Hütten-Auszeit wie in den Neuseeländischen Alpen

49
Ein abwechslungsreicher Roadtrip auf der Alpenstraße

50
Die sagenumwobenen Landschaften von Mittelerde erkunden

51
Eine Nacht im Auenland verbringen

52
Wie in Australien von einem natürlichen Pool zum nächsten wandern

Ozeanien

6.000 WALE *vor der Küste*

Am Strand nach Meeresbewohnern Ausschau halten wie in Neuseeland

BUNDESLAND
Schleswig-Holstein

JAHRESZEIT
Sommer

Wir alle haben ja diese kleineren und größeren Träume. Manche von uns führen eine *Bucket List,* die all diese Träume zusammenfasst, vielleicht mit einem Kästchen daneben. Dann können wir einen Haken setzen, wenn wir uns diesen Traum erfüllt haben.

Auch ich habe so eine Liste mit Träumen, abgespeichert in Kopf und Herz. Jahrelang stand ein Wunsch recht weit oben: Wale sehen.

Es hat lange gedauert, bis ich mir diesen Wunsch erfüllen konnte, der Traum war immer weit weg, so weit wie die Entfernung zwischen Deutschland und Neuseeland. Dort aber, am anderen Ende der Welt, habe ich ihn mir vor ein paar Jahren auf meiner Weltreise erfüllen können. An einem Tag, an dem ich mit vielem gerechnet hätte, ganz bestimmt aber nicht damit, einen Schwertwal aus nächster Nähe zu Gesicht bekommen.

Das ist mitten in meiner Arbeitszeit passiert – ich habe in einem Café direkt am Strand gearbeitet –, als ich mit einem Tablett voller Getränke raus auf die Veranda spaziert bin.

Noch bevor ich das Tablett abstellen konnte, sind alle Gäste aufgesprungen und zum Geländer gestolpert. Da war sie dann, die Schwertwal-Mama mit ihrem Jungen, und hat nicht nur ihren Rücken, sondern auch ihren weißen Bauch aus dem Wasser gestreckt.

Seitdem bin ich fast täglich am Strand entlang gelaufen und habe Ausschau nach der Wal-Familie gehalten. Verrückt. Wer hätte gedacht, dass ich mal irgendwo wohne, wo ich jeden Tag die Chance habe, Wale zu sichten?

Dafür aber hätte ich gar nicht bis zu meiner Neuseelandreise warten müssen. Diesen Wunsch hätte ich mir viel früher erfüllen können, doch das habe zu lange nicht gewusst. Und vielleicht ist das ja auch für Sie neu: Auf der Nordseeinsel **Sylt** können wir Wale beobachten. Sogar vom Strand aus.

Rund 6.000 Schweinswale, genauer Gewöhnliche Schweinswale *(Phocoena phocoena),* leben heute in der Nordsee vor Sylt. Im 20. Jahrhundert ist die Population der Schweinswale um 90 Prozent zurückgegangen (nein, das ist leider kein Tippfehler). 1999 dann ist rund um Sylt und die übrigen nordfriesischen Inseln das erste Walschutzgebiet Europas entstanden, das heute Teil des Weltnaturerbes Wattenmeer ist.

Das Walschutzgebiet erstreckt sich zum Arterhalt über die gesamte Länge der Westküste. Bis zur Insel Amrum südlich von Sylt. Dennoch ist die Population nach wie vor gefährdet. Schätzungsweise verenden jedes Jahr hunderte Wale, weil sie als Beifang in Fischernetzen hängenbleiben.

Dennoch zeigt das Konzept zum Schutz der Schweinswale zeigt erste Erfolge, denn die Wale fühlen sich vor der Küste Sylts wohl: In der Nähe des Weststrandes bringen sie im Frühjahr ihre Kälber zur Welt. Die kommenden Monate halten sich die Familien gerne in Strandnähe auf.

Mittlerweile gibt es sogar Geschichten von Wassersportlern, denen die Tiere auf ihren Brettern einen Besuch abgestattet haben – oft verbunden mit einem ersten Schreck. Denn wenn die Schweinswale nahe genug an der Wasseroberfläche schwimmen, aber nicht ganz auftauchen, kann ihre Rückenflosse mit der eines Hais verwechselt werden.

Besonders gute Chancen auf Walbeobachtungen gibt es entlang des Weststrandes zwischen Juni und August. Der Whalewatch-Trail, der den nördlichsten und südlichsten Punkt der Insel miteinander verbindet, hält nicht nur gute Aussichtsplattformen zur Walbeobachtung bereit, sondern auch informative Stationen, die über die Wale und Robben, über Klima- und Küstenschutz aufklären.

Die **Nordtour** des Whalewatch-Trail startet in Westerland an der Nordseeklinik und führt gen Norden bis hoch zum Ellenbogen in List.

Die **Südtour** startet an der Plattform Himmelsleiter in Westerland und endet südlich in Hornum-Odde.

Bei Fragen vor Ort ist die Tourist-Information im Pavillon am Bahnhof Westerland eine gute Adresse. Das Büro ist täglich geöffnet, auch samstags und sonntags.

- Kirchenweg 1, 25980 Sylt • +49 4651 / 99 80 • www.sylt.de

DAS DÉJÀ-VU VOM *Ende der Welt*

Eine aussichtsreiche Küstenwanderung wie im neuseeländischen Abel-Tasman-Nationalpark

BUNDESLAND
Mecklenburg-Vorpommern

JAHRESZEIT
Ganzjährig

Das hellblaue Meer blitzt zwischen dem dichten, grünen Blättervorhang durch. Weißer Sand, weiße Felsen.

Ein leuchtendes Farbenspiel, das mir von unserer Wanderung auf dem Abel Tasman Coast Track in Erinnerung geblieben ist. Dieser Wanderweg führt rund 50 Kilometer an der steilen Nordküste der neuseeländischen Südinsel entlang.

Je nach Tageszeit, je nach Sonnen- oder Wolkenspiel haben sich diese Farben stetig verändert. Haben mal mehr geleuchtet, sodass sich die einzelnen Töne in hohem Kontrast fast voneinander abgestoßen haben. Haben mal weniger geleuchtet, sodass die einzelnen Töne sanft miteinander verschwommen sind. Wie in einer Aquarell-Zeichnung.

Genau dieses Farbenspiel ziert ebenso einen rund 15 Kilometer langen Küstenabschnitt im Nordosten der **Insel Rügen**. Dort trifft der grüne Buchenwald auf die hellbaue Ostsee, verbunden von weißem Sand und den strahlenden Kreidefelsen.

Wann immer ich Fotos aus dem **Nationalpark Jasmund** sehe, verrät mir erst der Satz zum Bild, dass das Motiv nicht im Abel Tasman Nationalpark in Neuseeland aufgenommen wurde. Sogar die Beschreibungen um die beiden Wanderwege ähneln sich im Wortlaut: »Durch dichte, knallgrüne Wälder geht es von Bucht zu Bucht, zu weißen Sandstränden und hellblauem Wasser. Immer wieder eröffnet der Wald einmalige Blicke, die steile Felsküste hinab auf Meer.«

Sattes Grün trifft auf leuchtendes Weiß und tiefes Blau: auf dem Hochuferweg in Jasmund wie auf dem Abel Tasman Coast Track bei Nelson in Neuseeland.

Beides sind wahrlich besondere Orte, beide Wanderwege zählen zu den schönsten der Region, vielleicht sogar des Landes.

Der Hochuferweg zwischen Sassnitz im Süden und Lohme im Norden ist Teil des gut 3.000 Hektar großen Nationalparks Jasmund. Seine weißen Kreidefelsen sind das Wahrzeichen der Insel.

Den Kontrast zu den strahlenden Kreidefelsen und der hellblauen Ostsee bildet der Buchenwald, der den gesamten Uferbereich säumt und sich weiter ins Landesinnere zieht. Seit 2011 gehören die Buchenwälder des Parks zum UNESCO-Weltnaturerbe.

Entstanden ist all das vor rund 70 Millionen Jahren aus Kalk, Skeletten und den Panzern von winzigen Lebewesen. Bis zu 118 Meter schiebt sich diese Kreideküste heute in den Himmel. Was imposant und mächtig aussieht, ist dennoch sehr empfindlich: vor allem nach starken Regenfällen brechen immer wieder Teile und ganze Felsstrukturen der Kreideküste ab.

Achtung, Absturzgefahr

Teilweise führt der Weg dicht am Steilufer entlang. Immer wieder brechen Teile der Kreideküste ab und stürzen auf den Strand. Wichtig: Den markierten Weg (ein blauer Balken auf weißem Grund) auf keinen Fall verlassen und Abstand zu den Abbruchkanten halten.

Auf knapp 13 Kilometern vereint der Hochuferweg diese Naturwunder, dieses Farbenspiel und sogar historische Orte entlang des Weges: Wer die Wanderung in Sassnitz beginnt, erreicht nach weniger als zwei Kilometern den **Aussichtspunkt Piratenschlucht**.

Diese Bucht soll einst ein Versteck des legendären Seeräubers Klaus Störtebeker gewesen sein. Wenn die Legende stimmt, hat er dort Schätze vergraben. Heute führt eine Treppe vom Hochuferweg runter zum Strand.

Wer über solche Treppen nach unten läuft, der erlebt dieses besondere Farbenspiel wie in einem Tunnel: Von Grün durch Weiß nach Blau. Und wieder zurück.

Auf dem Abel Tasman Coast Track genau wie auf dem Hochuferweg in Jasmund.

Gut zu wissen

Der knapp 13 Kilometer lange Hochuferweg startet in Sassnitz. Es lohnt sich, Zeit mitzubringen – allein schon wegen des Panoramas, aber auch, weil auf dem Weg ein paar Sehenswürdigkeiten liegen. Zum Beispiel der Hafen Sassnitz, der bekannte Königsstuhl sowie der Fischerort Lohme.
Wer mit dem Auto anreist, kann auf dem Parkplatz oberhalb des Tierparks Sassnitz in der Stubbenkammerstraße parken (Koordinaten: N 54.521621, E 13.651758). Vom Zielort Lohme gibt es für alle, die sich den Rückweg sparen wollen, eine Busverbindung nach Sassnitz.
In den Sommermonaten, zu Ferienzeiten und an Wochenenden ist der Weg übrigens sehr gut besucht – im Winter hingegen kann man ihn mit etwas Glück sogar völlig alleine erleben.
- www.auf-nach-mv.de/wandern-hochuferweg

PLÖTZLICH *Savanne*

Momente wie im australischen Outback

BUNDESLAND
Rheinland-Pfalz

JAHRESZEIT
Am besten im Sommer

Überall ist Sand, hier und da überwachsen von Gras, Geflechten, kleinen Sträuchern und einzelnen Bäumen. Die schaffen es irgendwie, ihre Wurzeln in dem losen Untergrund zu verankern. Aber auch zwischen den Blättern schimmern die Sandkörner durch, es ist wie ein Flickenteppich aus fahlem Grün und mattem Beige.

Ein Flickenteppich, eine Savanne, eine Steppe. Wie viele Regionen im Norden Australiens und im Zentrum des Outbacks. Nicht aber wie in der Mitte Deutschlands – und doch erstreckt sich das **Naturschutzgebiet Mainzer Sand** hier wie selbstverständlich auf einer recht kompakten Fläche von knapp 130 Hektar zwischen Mainz und Wiesbaden.

Wenn wir hier an einem heißen Sommertag barfuß unterwegs sind, können wir uns ähnlich fühlen wie bei einer Wanderung durch die flachen Ebenen des Kakadu-Nationalparks im nördlichsten Bezirk Australiens. Die Sonne brennt, der Sand macht die Luft trocken. Grillen zirpen so laut, dass wir beim Reden die Stimme heben müssen, irgendwo zwischen den hohen Gräsern und Steppenpflanzen verstecken sich unzählige Vögel. Wenn wir ihnen auf einem der schmalen Sandwege zu nahe kommen, zwitschern sie aufgeregt.

Wer besonders aufmerksam ist, bemerkt auch, dass ganz besondere Gerüche in der Luft liegen. Es riecht nach Sonne, Hitze und Trockenheit. Es riecht anders, ungewohnt.

Damit haben die Pflanzen und Gräser zu tun, die aus dem Sand sprießen. Die befördern unsere Gedanken nicht ohne Grund in die Ferne.

Die Vegetation im Naturschutzgebiet Mainzer Sand ist eine Besondere – nicht nur für Deutschland, sondern sogar für Europa. Die Pflanzen- und Tierwelt ist in diesem Zusammenspiel einzigartig und kommt so europaweit nirgendwo anders vor. Pflanzen aus südeuropäischen und zentralasiatischen Steppengebieten treffen im Mainzer Sand auf seltene Tierarten. Die Sandsteppenbiene und eine besondere Heuschreckenart, die blauflügelige Ödlandschrecke, leben hier, mitten in Deutschland, zwischen Sandstrohblumen und Kiefern.

Und wie es sich für eine echte Steppe gehört, haben sich die Tierarten im Mainzer Sand auch optisch an ihren ungewöhnlichen Lebensraum angepasst. Wie in der Wüste, wie im australischen Outback und den Nationalparks im nördlichen Territorium sind die Insekten nicht bunt und grün, sondern überwiegend grau und braun.

Für alle, die sich jetzt fragen, warum wir so eine Steppenlandschaft ausgerechnet mitten in Deutschland finden: Der Mainzer Sand ist ein Relikt der letzten Eiszeit. Mehr als 20 Millionen Jahre ist es her, dass die Region tief unter dem Ozean verborgen lag. Was heute eine Steppenlandschaft ist, war damals der Meeresgrund. Als sich das Wasser zurückgezogen hat, hat der Flugsand aus dem Flussbett des Rheins Dünen gebildet.

Gut zu wissen

Durch das Naturschutzgebiet Mainzer Sand führt ein Informationslehrpfad. Es gibt zwei verschiedene, gut markierte Pfade: Eichenstöcke mit einem Stern, entweder in Blau oder in Grün, sind die Wegweiser. Der blaue Weg ist vom Waldfriedhof Mainz-Mombach aus zu erreichen. Koordinaten: N 50.022138, E 8.203804.
Der grüne Weg startet am Westring. Koordinaten: 50.014470, 8.213664.
Besonders wichtig ist es, die markierten Wege nicht zu verlassen: Denn auch dort, wo die Vegetation vermeintlich abgestorben oder unbedeutend aussieht, verbergen sich sehr sensible Untergründe.

IN DEN BERGEN *liegt die Stille*

Hütten-Auszeit wie in den Neuseeländischen Alpen

BUNDESLÄNDER
Bayern, Baden-Württemberg

JAHRESZEIT
Ganzjährig

Neuseeland hat einen ganz besonderen Platz in meinem Herzen eingenommen. Nicht nur, weil es dort wunderschön ist – vielmehr, weil in Neuseeland viele Entscheidungen gefallen sind, die mein Leben in eine entscheidende Richtung gelenkt haben.

In Wellington haben Felix und ich unsere erste gemeinsame Wohnung bezogen und Arbeitsverträge unterschrieben. Dort habe ich Träume skizziert und Zukunftspläne geschmiedet, bevor unsere Entdeckungstour quer durchs Land losgegangen ist.

Unter all den Erinnerungen, die ich in einem halben Jahr voller erster Male gesammelt habe, hat sich eine davon ganz besonders tief in meinem Gedächtnis verankert. Die aber hat weder etwas mit unserem kleinen Ein-Zimmer-Apartment zu tun noch mit anderen großen Entscheidungen.

Diese Erinnerung spielt sich fernab von alledem ab, nämlich dort, wo es sonst nicht wirklich viel gab. Und genau das macht sie aus.

Den Tipp haben wir noch von einer Freundin in Wellington bekommen. An unserem letzten Abend in der Hauptstadt am anderen Ende der Welt sind wir mit unseren liebsten neuen Bekanntschaften in einem Pub gesessen und haben uns angehört, was wir auf unserer Tour durch ihr Land nicht verpassen dürfen. Ein Tipp führte zum nächsten, es waren so viele, dass ich mir an der Bar Blatt und Stift geholt habe, um keine der Ideen wieder zu verlieren. Eine davon: Eine Art kleiner, privater Nationalpark, in dem die Straßen an der Eingangspforte aufhören.

Dieses mehrere Hektar große Grundstück hatte sich jemand gekauft, der die Natur, die Stille und den Blick in die Berge nicht nur selbst sehr liebte – sondern diese Liebe gleichermaßen bewahren und weitergeben wollte.

Auf diesem Grundstück in den neuseeländischen Alpen hat er dazu eine Handvoll kleiner Hütten verteilt. Wild in die Landschaft verstreut, genau so, wie bei Kniffel die Würfel auf dem Tisch landen.

Diese Hütten erreichen wir nur zu Fuß, denn die Abgeschiedenheit und die Einfachheit sind es, die den Aufenthalt so reich machen.

Unsere Hütte haben wir für ein paar Tage bezogen. Wobei ich mir vorstellen kann, dass manche bei »Hütte« mehr im Kopf haben, als es war: mehr eine Schachtel nämlich, wie ein großer Schuhkarton mit einem Bett auf der einen Seite der Tür und einem kleinen Tisch auf der anderen. Ein großes Fenster gab den Blick auf die zackigen Gipfel der Südalpen frei, nachts konnten wir vom Bett aus tausende Sterne und sogar die Milchstraße beobachten.

Das Licht kam aus unseren Stirnlampen, gekocht haben wir mit Gas draußen auf der kleinen Veranda.

Ein paar Meter hinter der Schachtel stand die hölzerne Kabine unserer Komposttoilette. Und der nächste Sende-

mast war weit genug entfernt, um den Handyempfang irgendwo auf dem Weg bis zu uns wieder zu verlieren.

Stattdessen lauschten wir der Stille, die manchmal so intensiv war, dass ich meinet, die Wolken beim Ziehen hören zu können. Gebrochen wurde sie nur von den Vögeln und dem Rascheln der Blätter. Es war Herbst, die Luft war klar, morgens hing der Nebel zwischen den Bergflanken und der Atem vor unseren Gesichtern.

Die perfekte Auszeit.

Wann immer wir seitdem im Herbst vor ein Berghütte sitzen, ist das Déjà-vu so täuschend echt, dass ich mich selbst kneifen muss, um sicher zu sein, nicht in Neuseeland vor unserer Schuhschachtel zu sitzen.

Von solchen Berghütten gibt es im Alpenraum und im Schwarzwald viele, die tage- und wochenweise zur Vermietung angeboten werden.

Bayern

Am Fuße von Deutschlands höchstem Berg

Versteckt zwischen den Bäumen liegt die »Jagahüttn« ganz in der Nähe zum bekannten und kristallblauen Eibsee südwestlich von Garmisch-Partenkirchen. Und zwar in Alleinlage im Wald. Zum See sind es nur knapp zehn Minuten Fußweg über einen Wanderweg, auch die Seilbahn zur Zugspitze ist nur ein kurzer Spaziergang.

Die Hütte bietet Platz für bis zu vier Personen, es gilt ein Mindestaufenthalt von drei oder vier Nächten (je nach Saison). Ab 145 Euro pro Nacht für zwei Personen. Achtung: Früh reservieren lohnt sich.

www.jagahüttn-eibsee.de

Bayern

Mit Blick auf den Tegernsee

Eine gute Auswahl an privaten Hütten gibt's auf dem Vermittlungsportal AirBnB. Über die Filterfunktion in jeder Suche können wir nur Blockhüten, Chalets und Cottages in einer bestimmten Region auswählen. So stoßen wir zum Beispiel auf ein lichtdurchflutetes Chalet mit Blick auf den Tegernsee. Ruhig, von Sonne und viel Grün umgeben. Das Häuschen bietet Platz für zwei Gäste, es gilt ein Mindestaufenthalt von vier Nächten. Ab 95 Euro pro Nacht für zwei Personen.

Auf AirBnB ist dem Inserat die Nummer 34962416 zugeordnet.

https://bit.ly/3syfduz

Baden-Württemberg

In der Hügellandschaft des Schwarzwalds

Nicht umgeben von den Gipfeln der Bayerischen Alpen, dafür von der endlos scheinenden Hügellandschaft des Schwarzwalds liegt eine kleine Hütte bei Steinach. In einem gemütlichen Seitental zwischen Gengenbach und Haslach ist es die richtige Adresse für alle, die Ruhe suchen und die ihren Blick schweifen lassen wollen.

Es gibt eine private Liegewiese samt Grillplatz inmitten von Obstbäumen, Wander- und Radwege ziehen sich durch die Umgebung. Das Ferienhäuschen bietet Platz für bis zu drei Personen, es gilt ein Mindestaufenthalt von fünf Nächten. Ab 68 Euro pro Nacht für zwei Personen.

Auf AirBnB ist dem Inserat die Nummer 17681278 zugeordnet.

https://bit.ly/39BIJXF

Gut zu wissen

Der Deutsche Alpenverein (DAV) bietet neben Übernachtungen auf den bewirtschafteten Almen und Schutzhütten auch Selbstversorger-Hütten an. Einen Überblick liefert die Hüttensuche auf www.alpenverein.de, manche Sektionen haben außerdem eigene Hütten nur für ihre Mitglieder. Darüber können wir uns bei der jeweiligen Sektion informieren.

Die meisten Selbstversorger-Hütten bieten Platz für mehrere Gäste – die Wahrscheinlichkeit ist also gegeben, dass wir eine Hütte des DAV nicht für uns alleine haben.

Dass ich die Auszeit auf einer abgelegenen Hütte mit Neuseeland in Verbindung bringe, ist übrigens gar nicht so untypisch: Viele Neuseeländer genießen ruhige Tage und Wochen in ihren Feriendomizilen in den entlegensten Ecken – wenn sie nicht ohnehin so naturnah wohnen, dass sie meist nichts anderes hören als die Stille und die Vögel ringsum.

Schätzungen zufolge soll es auf die fünf Millionen Einwohner rund 50.000 Ferienhäuser in Neuseeland geben, die meisten davon abseits der bekannten Routen. Eines davon ist unsere Schuhschachtel auf der Südinsel – das Gefühl aber nehme ich seither mit um die ganze Welt.

49

SPRACHLOS IN EINEM *Meer aus Bergen*

Ein abwechslungsreicher Roadtrip auf der Alpenstraße

BUNDESLÄNDER
Baden-Württemberg, Bayern

JAHRESZEIT
Ganzjährig

Ganz bestimmt kennen Sie das auch: Sie sind irgendwo unterwegs, mit dem Fahrrad, zu Fuß, mit dem Auto oder auf dem Roller, ganz egal – und es ist so atemberaubend schön, dass Sie am liebsten alle 100 Meter, spätestens aber nach der nächsten Kurve anhalten möchten.

Um zu staunen, zu genießen, um ein Foto zu machen und um sicher zu sein, dass Sie Ihren Augen wirklich trauen können. Ich persönlich finde mich recht häufig in solchen Momenten wieder. Und dann mache ich tatsächlich genau das: ständig anhalten, sprachlos und überwältigt.

Würde ich mich nicht zwingen, weiterzuziehen – würde ich mancherorts nie von Ort und Stelle kommen. Weil sich mit jedem Meter ein neues Sichtfeld erschließt, das mindestens so beeindruckend ist wie das vorherige.

Auf einem Roadtrip durch die Neuseeländischen Alpen war das mein Dauerzustand. Wochenlang wollte ich alle paar Meter anhalten, bin aus dem Staunen gar nicht mehr rausgekommen.

Dabei waren es gar nicht so viele Straßen, auf denen wir in diesen sechs Wochen unterwegs waren. Nicht, weil

wir nicht rumgekommen sind auf dieser besonderen Insel, sondern, weil es die Geografie nicht zulässt, dass sich überall durchs Land die Wege ziehen.

Die nutzbare Fläche ist begrenzt, die kurvigen Straßen feine Linien durch eine Landschaft, in der kaum Platz ist, um ihr etwas wegzunehmen. In Sichtweite liegen entweder die imposanten Gipfel der neuseeländischen Alpen, die Gletscher und Schneekappen im Westen oder auch das Meer, die Küste, einer der zahlreichen Seen.

Diese endlose Bergkette, Gipfel rechts und Gipfel links, türkisblaue Seen, das Staunen, das Kneifen und Anhalten, finden wir jedoch nicht nur am anderen Ende der Welt. Sondern auch im südlichsten Teil Deutschlands: Wer hier auf der **Deutschen Alpenstraße** unterwegs ist, der befindet sich genau wie auf einer Tour durch die neuseeländischen Alpen in einem Staunen-Dauerzustand.

Die Deutsche Alpenstraße verbindet auf mehr als 450 Kilometern **Lindau am Bodensee** mit dem **Königssee in Berchtesgaden**. Auf dem Weg liegen sattgrüne Almwiesen, romantische Hügellandschaften, steile Bergflanken, enge Schluchten, türkisblaue Seen und romantische Königsschlösser.

In 106 engen Kurven windet sich die Oberjoch-Passstraße auf eine Höhe von fast 1.200 Metern über Null. Der Pass verbindet das Allgäu mit dem Tannheimer Tal in Österreich. Während er früher vor allem von Schmugglern genutzt wurde, ist der Pass heute ein beliebter Aussichtspunkt für alle, die ihren Blick in einem Gipfelmeer verlieren wollen.

Zwischen all den Bergen passiert die Deutsche Alpenstraße auch 20 Bergseen. Darunter der Waldsee im Allgäu, Deutschlands höchster Moorbadsee, der berühmte Königssee und der Forggensee – einer dieser Orte, der mich in die Unberührtheit Neuseelands gebeamt hat. Weil sein Ufer nicht bebaut werden darf, geht unser Blick vom türkisblauen Wasser direkt über in eine wilde Berglandschaft.

In **Füssen im Allgäu** trifft die Deutsche Alpenstraße auf die Romantische Straße und die Via Claudia Augusta. Hoch oben auf den ersten Hügeln der Voralpen thront das **Schloss Neuschwanstein** und ist nur eine der Besonderheiten, die den Reiz der Deutschen Alpenstraße ausmacht.

Und doch dreht sich das Erlebnis auf der Straße durch die Deutschen Alpen wie durch die in Neuseeland nicht nur um die offensichtlichen Sehenswürdigkeiten, die auf dem Weg liegen – sondern um all die kleinen und großen Momente zwischendurch.

Gut zu wissen

Wer sich zwischendurch Zeit zum Staunen und Anhalten nehmen will, sollte mindestens vier Tage für die Deutsche Alpenstraße einplanen. Hier gilt mehr denn je: Der Weg ist das Ziel. Einerseits, weil es entlang dieser 450 Kilometer viel zu entdecken gibt, andererseits, weil die Deutsche Alpenstraße über Landstraßen und durch zahlreiche Orte führt. Wir reisen also mit Geschwindigkeitsbegrenzung, dafür ohne Maut.
Diese Reise quer durch Süddeutschland ist zu jeder Jahreszeit wunderschön. Vor allem, wer im Winter und Frühjahr unterwegs ist, darf nicht vergessen, dass das Gefährt für Schnee und Eis ausgerüstet sein muss. Vor allem auf den Passstraßen sind die winterlichen Verhältnisse nicht zu unterschätzen.

▬ www.deutsche-alpenstrasse.de

DAS AUENLAND im Allgäu

Die sagenumwobenen Landschaften von Mittelerde erkunden

BUNDESLAND
Bayern

JAHRESZEITEN
Sommer, Herbst

Weite, wilde Berglandschaften zeichnen das Allgäu aus. Hier zeigen sich die Alpen wie von einem feinen, grünen Teppich zugedeckt. Eine raue Landschaft, der grüne Teppich aus Gräsern, Moosen und Flechten macht sie weich.

Mit jedem Schritt unserer Wanderung festigt sich der Gedanke, dass das hier vielmehr eine Fantasiewelt sein muss als die Realität. Gezeichnet von John Ronald Reuel Tolkien, der Mittelerde, das Auenland und die Hobbits erschaffen hat. Vielleicht auch das Allgäu, das scheint plötzlich gar nicht mehr so unwahrscheinlich.

Einen See gibt es im **Allgäu**, nahe der österreichischen Grenze, der ist mittlerweile berühmt für seine Ähnlichkeit zur Welt aus der *Der-Herr-der-Ringe-Trilogie:* Der **Schrecksee** liegt mitten im Naturschutzgebiet Allgäuer Hochalpen – eines der größten Naturschutzgebiete Deutschlands, gleichzeitig ein besonders sensibles. In einem Kessel der umliegenden Gipfel münden die grün überzogenen Bergflanken auf 1.813 Meter über Null in den Schrecksee. Je nach Jahreszeit und Lichteinfall, strahlt dieser türkisgrün und tiefblau.

Die Grenze zu Österreich verläuft rund 300 Meter östlich des Sees – noch näher ist Mittelerde. Die nämlich ist überall ringsum.

Die kürzere Wanderung zum Schrecksee

Der kürzeste Weg zum Allgäuer Auenland beginnt beim Wanderparkplatz Auf der Höh in **Hinterstein** bei Bad Hindelang (hinter der Adresse Rauhornweg 11, 87541 Bad Hindelang).

Vorbei am Elektrizitätswerk und der Taufers Alpe geht's zum Schrecksee und auf demselben Weg wieder zurück. Insgesamt dauert die Wanderung rund sieben Stunden bei knapp 17 Kilometern und 1.200 Höhenmetern. Die Tour wird als anspruchsvoll eingestuft und sollte nicht unterschätzt werden: Einige Abschnitte führen über Geröll und Schotter, stellenweise ist der Weg ausgesetzt. Nach dem Winter liegt auf dieser Höhe der Schnee bis weit in den Frühling.

Wer unsicher ist, ob die Tour gerade möglich ist, fragt am besten bei der Tourist Information Bad Hindelang nach (Montag bis Freitag geöffnet).

Unterer Buigenweg 2, 87541 Bad Hindelang • +49 8324 / 89 20 • www.badhindelang.de

Auf www.bergwelten.com gibt's eine detaillierte Tourenbeschreibung samt GPS-Koordinaten zum Download.

www.bergwelten.com/t/w/18112

Wer eine Übernachtung einbauen will –zum Beispiel, um den Schrecksee in einer ganz besonderen Morgen- oder Abendstimmung zu erleben –, kann den Schrecksee von der **Landsberger Hütte** aus erwandern. Die Hütte ist ab Ende Mai bis Mitte Oktober bewirtschaftet. Den Schlafplatz vorher unbedingt reservieren.

+43 5675 62 82 • www.dav-landsberg.de

Der wirklich lange Weg zum Schrecksee

Wer tief in die Tolkiens Welt eintauchen will, hat dazu auf dem **Grenzgänger-Weg** mit seinen sechs Tagesetappen genug Zeit. Die Mehrtagestour führt zwischen Tannheimer Tal, Hintersteiner Tal und dem Lechtal entlang der deutsch-österreichischen Grenze – die wird jeden Tag mindestens einmal überquert.

Die gesamte Strecke ist rund 80 Kilometer lang, gut 6.000 Höhenmeter liegen zwischen Start und Ziel in Schattenwald, Tirol. Weil die Wege über Geröllfelder, entlang ausgesetzter Grate und steiler Flanken verlaufen, ist die anspruchsvolle Tour nur etwas für erfahrene Bergsteiger.

Die Umrundung des Hochvogels und der Besuch des Schrecksees gehören zu den Höhepunkten des Grenzgänger-Wegs.

www.grenzgaenger-wandern.com

* * *

In den vergangenen Jahren war der Schrecksee immer wieder in den Medien: Seltener wegen seiner Schönheit und dem im deutschen Alpenraum einzigartigen Erscheinungsbild, viel öfter hingegen, weil er sich zur Partylocation entwickelt hat.

In manchen lauen Sommernächten zelten und biwakieren bis zu 80 Menschen an seinen Ufern. Es lodern die Lagerfeuer, die Lautsprecher beben, der Müll bleibt am nächsten Tag oft liegen.

All das ist aus Naturschutzgründen nicht erlaubt, auch »nur« übernachtet werden darf am Schrecksee nicht. Weder im Zelt noch im Biwak.

Neben sichtbaren Schäden entstehen dadurch auch welche, die ungeschulten Augen auf den ersten Blick verborgen bleiben: Schäden der empfindlichen Feuchtwiesen im Uferbereich, die wegen der hohen Lage und der hartnäckigen Schneedecke nicht viel Zeit haben, sich zu regenerieren. Um die Situation unter Kontrolle zu bekommen, sind regelmäßige Kontrollen der Alpinpolizei samt hohen Bußgeldern unerlässlich.

Wie wäre es also, wenn wir mit gutem Beispiel vorangehen?

Uns am Schrecksee im Allgäu ins Auenland träumen – tagsüber und verantwortungsbewusst. Um gemeinsam ein positives Zeichen für einen respektvollen Umgang in und mit der Natur zu setzen.

Damit sich die Besucher besser aufteilen, macht es Sinn, nicht am Wochenende und nicht während der Schulferien zum Schrecksee zu wandern.

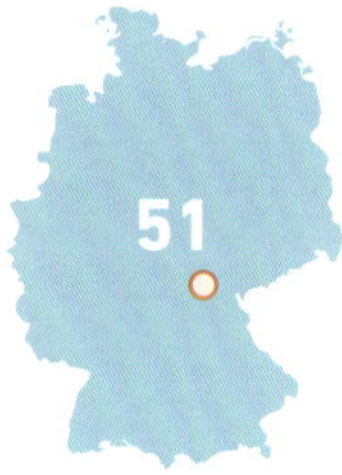

ZUHAUSE BEI den Hobbits

Eine Nacht im Auenland verbringen

BUNDESLAND
Thüringen

JAHRESZEIT
Ganzjährig

Eine romantisch sanft-grüne Hügellandschaft. Überdimensionale Festungen. Kreaturen, die in Sekundenschnelle Gänsehaut auslösen und unseren Puls allein durch ihre Stimme in die Höhe treiben. Raue und schier endlose Berglandschaften, grau und wunderschön, dichte Farnwälder, Hobbits und ein ganz besonderer Ring.

Das beschreibt sie in wenigen Worten wahrscheinlich ganz gut: die Fantasiewelt Mittelerde, die der britische Schriftsteller J. R. R. Tolkien erschaffen hat.

Mit seiner Romantrilogie und den Verfilmungen von *Der Herr der Ringe* und seinem ersten Werk, *Der Hobbit,* hat Tolkien Millionen Menschen in Gedanken nach Mittel-

erde entführt. Und sogar im echten Leben sind es viele Tausende, die seither in Neuseeland versuchen, Mittelerde so nah zu kommen wie möglich. Peter Jackson, der neuseeländische Regisseur und Filmproduzent, hatte sein Heimatland als perfekte die Filmkulisse für Mittelerde auserkoren.

Auch heute noch, obwohl die Dreharbeiten längst abgeschlossen sind, treibt es viele Besucher zu den bekannten Drehorten.

Besonders beliebt: Hobbiton, das Zuhause von Frodo, Bilbo und Co. Das Filmset blieb für Besucher erhalten und gehört heute zu den beliebtesten Sehenswürdigkeiten auf der neuseeländischen Nordinsel.

Neben den bunten und mit Blumen geschmückten Mini-Häuschen bringt die Gäste vor allem ein Merkmal ins Staunen: Dass die Hobbithäuser nicht als Filmeffekt, sondern auch am echten Set unterirdisch angelegt sind. Sie befinden sich unter der Erde, nur zugänglich über die bunte, runde Holztür an ihrer Vorderseite.

Solche Erdhäuser, mit runden Wänden ganz im Stil der neuseeländischen Hobbithäuser, gibt es übrigens auch anderswo. Weit entfernt von Mittelerde, dafür ganz nah bei uns: im **Thüringer Wald** zwischen Erfurt und Bamberg.

Dort liegt das **Feriendorf Auenland**. Die Erdhäuser sind einzigartig in Deutschland. Nur ihre Vorderseite ist sichtbar, alles andere liegt unterirdisch. Wie die Hobbithäuser auf der neuseeländischen Nordinsel schmiegen sich auch die Häuser im Thüringer Wald in den Wiesenhang. Von ihrer Rückseite aus sind sie unsichtbar.

Das Feriendorf Auenland ist mehr als nur das Ziel eines Tagesausflugs: Die acht Erdhäuser sind ein Hotel, das sogar mit drei Sternen ausgezeichnet wurde. Auf 45 Quadratmetern können bis zu vier Gäste wohnen, die hölzerne Einrichtung ist maßgefertigt, weil kaum eine Wand gerade ist.

Auch draußen geht der Charme des Auenlands weiter, denn das Feriendorf ist umgeben von grünen Wiesen und dichten Wäldern. Wenn wir dort nach einer Übernachtung spazieren gehen und in Gedanken einzelne Filmszenen der Tolkien-Trilogie ablaufen lassen, können wir uns für einen Moment fühlen wie in Mittelerde. Und das ganz ohne Buch oder Film – geschweige denn einer Reise ans andere Ende der Welt.

Gut zu wissen

Das Feriendorf Auenland liegt in Eisfeld im Thüringer Wald zwischen Bamberg und Erfurt. Es gibt acht Erdhäuser für zwei bis vier Personen (ab 109 Euro pro Nacht für zwei, 16 Euro extra für die dritte und vierte Person). Für Übernachtungen gilt ein Mindestaufenthalt von drei Nächten.
Das Gelände des Feriendorfs ist auch für Gäste geöffnet, die nicht in einem der Erdhäuser übernachten. Mit einem Abenteuerspielplatz und einer Sommerrodelbahn ist vor allem auch für Kinder viel geboten.

- Zum Burgberg 1, 98673 Eisfeld • +49 3686 / 61 89 00 • www.feriendorf-auenland.de

IN BIKINI und Wanderschuhen

Wie in Australien von einem natürlichen Pool zum nächsten wandern

BUNDESLAND
Bayern

JAHRESZEIT
Sommer

Wir schreiben einen ganz normalen Weltreise-Tag. So normal, wie ein Tag auf einer Weltreise eben sein kann. Es war ein Montag, ein Donnerstag, vielleicht auch ein Sonntag – das spielte längst keine Rolle mehr.

Wir haben uns unsere Rucksäcke auf den Rücken geschwungen, Staub und Sonnencreme mixen sich auf unserer Haut wie die Schichten einer Prinzregententorte. Wir waren bereit für unsere Wanderung, die würde sicher schön werden, bestimmt aber nicht schöner als die der letzten Tage.

So lang hat es dann gar nicht gedauert – Sie ahnen es sicher schon – bis sich rausgestellt hat, dass diese Wanderung eben doch anders war als die der letzten Tage.

Das lag einerseits sicher daran, dass wir manche Abschnitte nur mit einem Fliegennetz über unseren Kopf gestülpt bezwingen konnten, weil unsere Gesichter sonst in Sekundenschnelle gespickt worden wären mit Dutzenden schwarzen Sandfliegen. Das lag auch daran, dass es zum ersten Mal fast 40 Grad Celsius hatte.

Vor allem aber war diese Wanderung so besonders, weil ich mir irgendwann meine Hose und das T-Shirt gar nicht wieder angezogen habe, sondern in Wanderschuhen und Bikini weitergelaufen bin.

Ich habe ein völlig neues Lebensgefühl entdeckt und das ausgerechnet in einer Landschaft, die man sich kaum trockener und staubiger vorstellen könnte. Genau dort: Mein erstes Erlebnis in einer Schlucht, einer ganzen Landschaft voller natürlicher Pools. Meine erste Wanderung, auf der wir genauso viel gebadet wie gelaufen sind.

Seither ist diese Abwechslung aus klarem Wasser und wilden Wegen ein besonderes Lebensgefühl für mich, das mich immer an diesen Nationalpark im Norden Australiens und die zahlreichen Schluchten-Wanderungen in den kommenden Wochen erinnern wird.

Während ich anschließend bei den Begegnungen mit Australiern lernte, dass sie es sich wiederum kaum vorstellen können, dass ich noch nie zuvor im Bikini gewandert bin, fragte ich mich, ob ich dieses Lebensgefühl woanders auf der Welt jemals wiederfinden werde.

Eine Erkenntnis, für die ich Jahr für Jahr neue Beweise sammle: Ja. Dieses Erlebnis, das für viele Australier einer der Hauptgründe ist, überhaupt erst in die Wanderschuhe zu schlüpfen, gibt es nicht nur Down Under. Auch in Europa, auch in Deutschland. Und das fühlt sich in Bikini und Wanderschuhen jedes Mal wieder ein klein bisschen exotischer an.

Bei uns heißen diese natürlichen Pools **Gumpen**. Gumpen sind Wasserlöcher, eine besonders tiefe Stelle in einem Bach oder Fluss, die sich ganz natürlich mit der Zeit geformt haben.

Über Jahrhunderte hinweg hat das Wasser durch ein Gefälle Becken in den Fels geschliffen. Der Fels ist meist so glatt, dass er sich weich anfühlt. Das Wasser durch den sauberen Untergrund meist glasklar – und verhältnismäßig kalt, weil es von weiter oben in den Bergen kommt.

Selten bildet ein Flusslauf nur einen Gumpen. Vielmehr reihen sich die kleinen Pools wie die Perlen einer Kette am Fluss entlang, einer ist schöner als der andere. Und genau das macht das Erlebnis aus: wandern, baden, wandern, baden. So oft, bis wir uns Hose und T-Shirt gar nicht mehr anziehen, weil es sich für die paar Meter bis zum nächsten Pool nicht lohnen würde.

Stattdessen trocknen die warme Luft und die heiße Sonne die Wassertropfen auf der Haut in minutenschnelle. Die Grillen zirpen, die Bäume riechen nach Hitze. Das nächste Wasserloch wartet.

Schronbachtal

Kleine Badewannen zwischen Almwiesen

Tiefgrüne Gumpen verbergen sich in einer Landschaft rund um den **Sylvensteinspeicher**, die auch als »Bayerisch Kanada« bekannt ist. Almwiesen säumen die natürlichen Pools, von denen reiht sich einer an den anderen. Manche sind tief genug, um von den Felsen am Rand reinzuspringen – andere perfekt zum gemütlichen Erfrischen und Füße-Baumeln-lassen.

Vom Parkplatz an der Isarbrücke, noch bevor die B307 am Sylvensteinspeicher kreuzt, startet die Wanderung (Koordinaten: N 47.590773, E 11.548223). Die Brücke queren und den Forstweg rechts in den Wald Richtung Schronbach-Almen abbiegen. Vor der Blockhütte der Brücke über den Bach folgen und beim Weiterwandern nach den ersten Gumpen Ausschau halten. Je nachdem, wie weit man wandern will, beträgt die einfache Entfernung vom Parkplatz ungefähr drei Kilometer.

Buchenegger Wasserfälle

Das älteste Freibad Deutschlands

Die Wanderung führt durch einen der letzten Urwälder Deutschlands, zwischen dichtem Grün graben sich die türkisblauen Gumpen der Weißach in den Fels. Eine Terrasse geht in die nächste über, besonders beeindruckend sind die 18 Meter hohen **Buchenegger Wasserfälle**. Alle, die auf der Suche nach einem besonderen Adrenalinkick sind, wagen den Sprung von dieser Klippe in den türkisblauen Pool.

Eine knapp zwölf Kilometer lange Rundtour startet in Oberstaufen am Bahnhof. Für alle, die mit dem Auto anreisen, am Parkplatz Hündle (Hinterstaufen 10, 87534 Oberstaufen).

Durch den Rainwald geht's nach Bad Rain und über den Wanderweg weiter auf die Hochfläche der Weiler Ifen und Buchenegg. An Seppl's Gartenwirtschaft (Einkehrmöglichkeit) vorbei gelangen wir zum Einstieg der Buchenegger Wasserfälle. Von dort führt ein steiler Pfad hinunter in die Weißachschlucht, der Trittsicherheit erfordert. Der Rückweg startet auf der gegenüberliegenden Hangseite und über die Alpen Neugreuth und Neugschwend.

Auf www.oberstaufen.de gibt's eine detaillierte Routenbeschreibung samt GPS-Koordinaten zum Download.

www.oberstaufen.de/natur-erleben/wandern/mittelschwere-touren/oberstaufen-buchenegger-wasserfaelle.html#/z15/47.5437584,10.0245468/terrain_v3

Auch, wenn vor uns schon andere von den Klippen in den Pool gesprungen sind, ist eine Gumpe ein natürliches, unbekanntes Gewässer. Obwohl das Wasser in der Theorie tief genug scheint, kann sich beispielsweise Treibholz auf dem Boden gesammelt haben. Vor einem Sprung unbedingt die Gegebenheiten überprüfen, schlimme Unfälle passieren immer wieder.

Eschenlainetal

Gumpen und Wasserfälle hinter jeder Kurve

Im **Eschenlainetal** zwischen Walchensee und Eschenlohe reiht sich eine Gumpe an die andere, es gibt Wasserfälle, Becken in allen Größen und Tiefen, manche liegen schattig zwischen den Bäumen, andere heizen sich in der Sonne auf. Ein Waldwanderweg verbindet sie miteinander: Von Walchensee nach Eschenlohe sind es gut 13 Kilometer. Wer mit den öffentlichen Verkehrsmitteln anreist, kann die Strecke ganz entspannt einfach laufen, zum Beispiel mit Start an der Bushaltestelle Einsiedl am Walchensee. Die ersten Gumpen tauchen dann nach einer guten Stunde auf. In Eschenlohe gibt es dann eine Anbindung ans Zugnetz.

Einen guten Tourenvorschlag samt GPS-Koordinaten zum Download gibt's auf www.komoot.de,

www.komoot.de/tour/14410367

Staffelgraben

Wer weiter läuft, hat die Gumpen für sich

Auch an heißen Sommertagen verläuft es sich im **Staffelgraben** bei Lenggries gut, und das im wahrsten Sinne des Wortes. Hier reiht sich ein Gumpen an den anderen. Wer nicht schon gleich zu Beginn anhält, kann sein ganz persönliches Badeplätzchen finden. Die beste Parkmöglichkeit ist an der Alpenstraße 307 vom Sylvensteinsee kommend Richtung Vorderiss gleich hinter Fall auf der linken Seite. Am Isarufer geht es über die Dammmauer Richtung Staffelgraben. Hält man sich konsequent rechts und nimmt erst die vierte Abzweigung nach links, geht es mäßig bergan am Staffelgraben. Die erste Gumpe taucht nach einer guten halben Stunde auf. Immer wieder führen kleine Pfade hinunter zum Fluss. Die idyllischen Becken sind weiter oben.

Gut zu wissen

Wenn auch Badehose und Bikini auf einer Gumpenwanderung nicht fehlen dürfen – Flip-Flops und Sandalen haben hier nichts zu suchen. Zumindest nicht auf den Wanderwegen, denn dort ist zwischen dem Badevergnügen teilweise Trittsicherheit gefragt. Die Wanderschuhe also nicht vergessen.

53
Mit dem Fernglas eine wilde Flamingo-Kolonie beobachten

54
Wie im Regenwald durch grüne Tunnel und überwachsene Kanäle paddeln

55
Ein Stelzendorf wie im Amazonas besichtigen

56
Auf einem Samba-Festival durch die Straßen tanzen

57
Tauchen zwischen Wracks, Flugzeugen und alten Stollen

58
Eine Tour von Weingut zu Weingut unternehmen

59
Auf der Jagd nach den besten Wellen

Südamerika

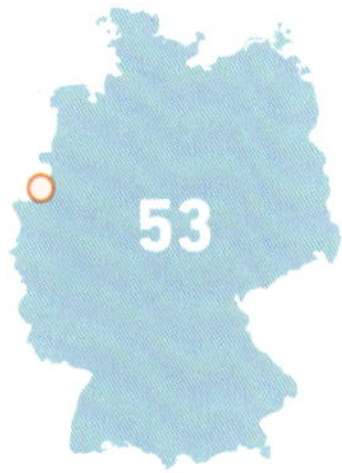

FLAMINGOS *im Heidekraut*

Mit dem Fernglas eine wilde Flamingo-Kolonie beobachten

BUNDESLAND
Nordrhein-Westfalen

JAHRESZEITEN
Frühjahr, Sommer

Wenn wir das Stichwort »Flamingos« hören, dann haben die meisten von uns sicher pinke Vögel mit gebogenen Schnäbeln und langen, dürren Beinen im Kopf. Diese staksigen Beine stehen entweder in türkisblauem Wasser oder auf dem weiß-rosa schimmernden Untergrund eines ausgetrockneten Salzsees.

Die wohl bekanntesten Bilder sind in der Atacama-Wüste in Chile aufgenommen – die trockenste Wüste der Welt, Vulkangebiet und Heimat der Flamingos. Im Hintergrund bronzefarbene Berggipfel und ein fast immer blauer Himmel. Nirgends gibt es so viele Flamingo-Kolonien wie in Südamerika.

Es gibt aber auch andere Flamingo-Bilder – und die werden Sie vielleicht sogar noch mehr beeindrucken. Auf ihnen ragt hinter den pinken Vögeln zwar kein Vulkan in den Himmel, stattdessen sind sie umgeben von Feucht-

wiesen, von Moor- und Heidelandschaften. Diese Fotos stammen nicht aus der Atacamawüste in Chile oder einem südamerikanischen Nachbarland – sondern aus dem **Naturschutzgebiet Zwillbrocker Venn** an der deutsch-niederländischen Grenze.

Bis heute kann sich niemand so recht erklären, wie es dazu kam, dass Flamingos mit ihren staksigen Beinen durch diese Feuchtwiesen laufen. Vermutet wird, dass die ersten Flamingos vor Jahrzehnten irgendwo ausgebrochen sein müssen, vielleicht aus einem Zoo.

Fakt ist jedenfalls: Seit einem Vierteljahrhundert lebt im Münsterland eine Kolonie aus 40 bis 50 wilden Flamingos. Sie sind die nördlichste brütende Flamingokolonie der Welt.

Von den sechs Flamingo-Arten, die weltweit vorkommen, wurden vier im Zwillbrocker Venn gesichtet. Auch Chileflamingos sind unter ihnen – das ist dieselbe Art wie die in der Atacama-Wüste.

Die Vögel also sind auf beiden Bildern die gleichen. Und irgendwie wirken sie in der trockensten Wüste der Welt genauso fehl am Platz wie in der norddeutschen Moorlandschaft.

Im Zwillbrocker Venn können wir die Flamingos meist ab Ende März beobachten – bis dahin reisen sie für die Brut aus ihren Winterquartieren im Ijsselmeer und im Rheindelta zurück. Der Beginn der Brutzeit ist abhängig von der Witterung und ihrer Ankunft im Zwillbrocker Venn, die Jungen schlüpfen in der Regel ab Mitte Mai.

Fliegen können die Küken dann noch nicht, stattdessen halten sie sich auf der Insel mitten im Lachmöwensee auf.

Auf dem Rundwanderweg durchs Zwillbrocker Venn

Die Flamingokolonie, und im Frühjahr sogar das Brutgeschehen, können wir gut vom Rundwanderweg durch das Zwillbrocker Venn beobachten. Der Weg führt auf knapp sechs Kilometern rings um den Lachmöwensee, in dessen Mitte die Flamingoinsel liegt.

Entlang des Rundwanderwegs gibt es zwei Aussichtskanzeln und einen Aussichtsturm. Von dort aus können wir die Tiere teilweise aus nur 300 Metern Entfernung beobachten, ohne sie zu stören. Tipp: ein Fernglas mitbringen. Wer eine größere Runde drehen will, erreicht vom Rundweg aus das benachbarte Schutzgebiet »Ellewicker Feld«. Der Rundweg ist teilweise barrierefrei begehbar.

Die Koordinaten des Parkplatzes, knapp einen Kilometer vor Zwillbrock: N 52.050216, E 6.703142.

Gut zu wissen

Einen guten Einstieg in das Zwillbrocker Venn bietet die **Biologische Station** in Zwillbrock mit ihrer Ausstellung zur Natur- und Kulturlandschaft der Region. Außerdem werden Führungen angeboten – unter anderem zu einer nicht öffentlich zugänglichen Aussichtskanzel für ganz besondere Perspektiven auf die einzige Flamingo-Kolonie Mitteleuropas.

Zwillbrock 10, 48691 Vreden •
+49 2564 / 986 00 • www.bszwillbrock.de

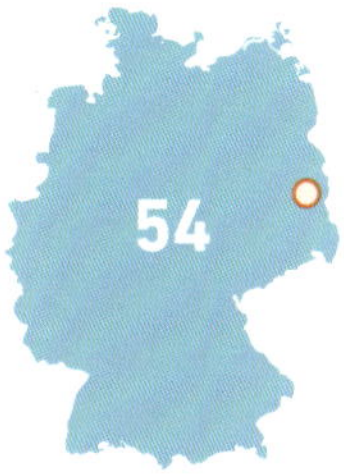

DEUTSCHLANDS *letzter Dschungel*

Wie im Regenwald durch grüne Tunnel und überwachsene Kanäle paddeln

BUNDESLAND
Brandenburg

JAHRESZEITEN
Frühjahr, Sommer, Herbst

Es ist nicht ein einziger Fluss, ein einziger Kanal, sondern ein komplexes Labyrinth aus Wasser. Wie ein Netz, das jemand über einem dichten Wald abgeworfen hat. Überall dort, wo das Netz in den Bäumen hängengeblieben ist, fließt jetzt Wasser.

Schauen wir von oben auf diese Landschaft, bleibt uns das Mosaik aus Wasser und Wald weitestgehend verborgen. Aus der Vogelperspektive ist davon kaum etwas zu kennen. Schon gar nicht das ganze Ausmaß, denn die meisten Fließe werden unter einem dichten Blätterdach versteckt gehalten.

Wie sich der Amazonas mit all seinen Strömen durch den halben südamerikanischen Kontinent schlängelt, so windet sich die **Spree** in einer ähnlichen Komplexität durch den Wald Brandenburgs.

Es heißt sogar, der Spreewald sei der letzte Dschungel Deutschlands, ein winziger Teil des Amazonas mitten in Brandenburg.

Es heißt auch, wer dieses Gebiet nicht vom Wasser aus erlebt hat, wer sich nicht kilometerweit seinen Weg durch das Wasserlabyrinth gebahnt hat, der hätte den Spreewald nicht richtig erlebt.

Vorher aber schadet es nicht, wenn wir ein bisschen über das Ausmaß wissen, auf das wir uns einlassen.

Denn so ist es doch immer: Je mehr wir wissen, desto mehr sehen und erleben wir.

Der Spreewald ist ein geschütztes Biosphärenreservat und erstreckt sich über fast 500 Quadratkilometer zwischen Berlin und Dresden.

Eine Landschaft wie diese gibt es in Mitteleuropa kein zweites Mal – entstanden ist sie nach der letzten Eiszeit. Der Name »Spreewald« weist außerdem darauf hin, dass es hier tatsächlich einen dichten Urwald gegeben haben muss.

Heute ist das Biosphärenreservat der Lebensraum von mehr als 5.000 Tier- und Pflanzenarten. Darunter seltene wie Seeadler und Fischotter. Und sogar solche, die andernorts bedroht oder mittlerweile ausgestorben sind. Im Spreewald ist ihr Lebensraum groß, gut gehütete Verstecke gibt es überall: Knapp 1.000 Kilometer Flussläufe, Arme, Abzweige und Kanäle ziehen sich durch Brandenburg.

Wer mit dem Kajak im letzten Dschungel Deutschlands unterwegs ist, der sollte sich freilich nicht vornehmen, möglichst viele dieser Kilometer abzupaddeln. Vielmehr geht es darum, ganz langsam und still durch den Spreewald-Dschungel zu gleiten.

Nicht nur, weil wir manchmal sowieso nicht schneller vorankommen, wenn wir im Labyrinth aus Wasser in einen besonders schmalen Arm abgebogen sind. Dann ist manchmal kaum genug Platz, um das Paddel nach außen zu stoßen, manchmal müssen wir uns so klein wie möglich machen, um unter den tiefen Ästen der Bäume hindurchzupaddeln.

Ein andermal manövrieren wir unsere Boote wie bei einem Spießrutenlauf um freigespülte Wurzeln, die an Mangroven in tropischen Gefilden erinnern.

Nein – nicht nur deshalb sollten wir uns Zeit nehmen für eine Paddeltour durch den Spreewald. Sondern vor allem, weil das Erlebnis in den kleinen Momenten liegt, die sich überall im Wasser und im dichten Grün am Ufer verstecken.

Das sind Eisvögel, die von Pappel zu Pappel fliegen, und schimmernde Libellen, die immer wieder um die Boote schwirren. Das sind Wasserpflanzen, die fast bis zur Oberfläche reichen, und schwimmende Rosen, die das Ufer säumen. Im Hochsommer, wenn das Wasser überall in der Luft liegt, bestimmen die Grillen die Geräuschkulisse.

Manchmal schaffen es die Sonnenstrahlen nicht durch das grüne Blätterdach, dann bleibt der Himmel verborgen und es fühlt sich an, als würden wir durch einen grünen Tunnel gleiten. Andere Male schaffen es die Sonnenstrahlen bis auf die Wasseroberfläche und bringen sie zum Glitzern.

Dass man gerade nicht im Amazonas-Gebiet unterwegs ist, das merkt man nur, wenn man einen Blick für die Erlen, Eichen, Buchen und Pappeln hat – denn die sind nun Mal heimische Gehölze. Und säumen fast jedes Ufer. Oder wir merken es, wenn die Wegweiser an einer Kreuzung zu Orten leiten, deren Namen alles andere als Spanisch oder Portugiesisch sind.

Bloß nicht die Orientierung verlieren: Um sich in dem Labyrinth aus Wasser zurechtzufinden, am besten Offline-Karten einer Navigations-App aufs Smartphone zu laden.

Für Zwischendurch

Kleine Auszeit abseits der großen Kanäle

Vom Spreehafen in **Burg** (Am Hafen 1, 03096 Burg) geht es auf etwa zwölf Kilometern über entspannte Seitenarme. Fahrzeit: Rund dreieinhalb Stunden. Wer will, kann eine Rast in einem von drei Gasthäusern einplanen, die auf dem Weg liegen.

Eine detaillierte Tourenbeschreibung gibt es auf www.spreekapitaen.de.

www.spreekapitaen.de/spreewald/kanutour/abseits-der-grossen-kanaele-im-spreewald

Die Tagestour

Amazonasgefühl im Burger Hochwald

Die **Burger Hochwaldtour** beginnt beim Bootshaus Conrad in Burg (Schwarze Ecke 1, 03096 Burg). Dort stehen einige Boote zum Verleih zur Verfügung, ein Einsitzer-Kajak kostet beispielsweise 20 Euro pro Tag, ein Zweisitzer 25 Euro. Die Tagestour führt auf rund 17 Kilometern durch den Spreewaldort Leipe und weiter in den Hochwald: ein geschlossenes Waldgebiet, das fast ausschließlich über Kanäle und Fließe erreichbar ist. Dauer: ungefähr fünf Stunden.

Eine detaillierte Tourenbeschreibung:

www.spreekapitaen.de/spreewald/kanutour/kanutour-durch-den-burger-hochwald

Die Mehrtagestour

Quer durch den Spreewald

Einmal quer durch den Spreewald – auf 105 Kilometern vom Bootshaus Leineweber im Süden bis zum Schielochsee im Norden. Dazwischen: gemütliche Spreewalddörfer, der Hochwald, enge Kanäle, traditionelle Gehöfte. 30 Stunden reine Fahrzeit müssen wir für diese Mehrtagestour kalkulieren. Wer es einigermaßen gemütlich angehen will, nimmt sich dafür mindestens fünf Tage.

Eine detaillierte Tourenbeschreibung:

www.spreekapitaen.de/spreewald/kanutour/burg-zum-schwielochsee

Gut zu wissen

Verleih-Stationen für Boote gibt es in Burg, Lehde, Leipsch, Leipe, Lübben, Lübbenau, Raddusch, Schlepzig. Alle Verleihstationen sowie weitere Tourenmöglichkeiten sind unter www.spreewald-info.de/paddeln übersichtlich zusammengefasst. Informationen und Hilfe bei der Organisation eines Paddel-Trips erhält man beim Tourismusverband Spreewald, das Büro ist montags bis freitags geöffnet.

Lindenstraße 1, 03226 Vetschau • +49 35603 / 75 95 60 • www.spreewald.de

ÜBER DEM WASSER, *unter dem Strohdach*

Ein Stelzendorf wie im Amazonas besichtigen

BUNDESLAND
Baden-Württemberg

JAHRESZEIT
Ganzjährig

Er gehört zu den längsten Flüssen der Welt, durchzieht mit seinen Strömen und Armen die gesamte obere Hälfte des südamerikanischen Kontinents. Seine Wälder sind eine Welt für sich, sie sind die Lunge unseres Planeten.

Der Amazonas.

Seine Ufer werden gesäumt von dichtem Regenwald, aber auch von Dörfern, die diesen einzigartigen Lebensbedingungen standhalten. Meist sind sie nur über den Fluss erreichbar, die Häuser stehen auf Stelzen, sind aus Holz und Lehm gebaut, bedeckt mit einem Schilfdach.

Solche Pfahlbauten sind auch in anderen Regionen Südamerikas verbreitet. In der chilenischen Inselhauptstadt Castro haben sich die bunten Stelzen-Häuschen der Fischer in eine Touristenattraktion verwandelt. Diese *Palafitos* sind mittlerweile berühmt, viele von ihnen Hostels und Restaurants.

Sogar Reisende, die auf der Panamericana von Alaska nach über 40.000 Kilometern voller Abenteuer und Erlebnissen in Castro ankommen, lassen die Pfahlbauten staunen. Oft stehen sie auf Listen der Sehenswürdigkeiten, die man in Südamerika unbedingt gesehen haben muss.

Während man von solchen Listen sowieso halten darf, was man von ihnen halten mag, weiß kaum einer, dass es auch bei uns historische Pfahlbauten gibt. Und die haben es auf eine ganz andere Liste geschafft: nämlich auf die der UNESCO-Weltkulturerbe.

Die **Pfahlbauten in Unteruhldingen** sind wahrlich historisch, vor allem die Entdeckungen, die Forscher im Zusammenhang mit ihnen gemacht haben: Knapp 200 Jahre ist es her, dass die ersten Überreste der Bauten entdeckt worden sind. Eine Sensation war das, und es wurde sogar noch besser: Die Pfahlbauten im Moorgebiet wurden auf natürliche Art und Weise konserviert. Unter Sauerstoffausschluss sind Waffen, Schmuck, Jagdutensilien, Stoffreste und sogar Brot und Äpfel in erstaunlich gutem Zustand erhalten geblieben.

Heute werden diese Fundstücke im Pfahlbaumuseum ausgestellt. Zu den Hauptattraktionen gehören aber auch die Pfahlbauten selbst, die rund 500 Meter vom Museum entfernt im Bodensee stehen. Das kleine Dorf auf Stelzen ist genau so nachgebaut, wie es auch damals ausgesehen haben muss. 23 kleinere und größere Pfahlbauten stehen im See, verbunden mit Brücken und Stegen vom Ufer aus.

Wer früher ans Ufer wollte, musste aller Wahrscheinlichkeit nach mit einem Einbaum an Land paddeln. Ein Boot, geschnitzt aus einem einzigen Stamm, wie es auch die Völker Südamerikas zur Fortbewegung nutzen.

Das aber ist nicht die einzige Gemeinsamkeit der Pfahlbauten am Bodensee mit denen in typischen Amazonas-Dörfern: Auch die Häuser in Unteruhldingen sind gebaut aus Holz und Lehm, ihre Dächer bedeckt mit Schilf. Ein Spaziergang über ihre Brücken und Stege verbindet zwei Reisen gleichermaßen: eine in die Vergangenheit, die andere auf einen komplett anderen Kontinent – nach Südamerika.

Gut zu wissen

Das Museum bietet ein wechselndes Programm mit verschiedenen Führungen und Thementagen an. Geöffnet ist es das ganze Jahr über: Während der Hauptsaison von April bis Ende September täglich, in allen anderen Monaten nur punktuell oder an Wochenenden. Der Zutritt ist barrierefrei gestaltet. Wer mit dem Auto anreist, kann rings um die Tourist Information parken (Ehbachstraße 1, 88690 Uhldingen-Mühlhofen). Von dort ist es ein knapper Kilometer bis zu den Pfahlbauten. Außerdem fährt der Bus Seelinie 7395 ganzjährig und verbindet die Uferorte sowie die größeren Bahnhöfe. Haltestelle: Meersburger Straße, Unteruhldingen.
Mit dem Schiff besteht ganzjährig die Verbindung Konstanz – Meersburg. Dann in die Seelinie 7395 umsteigen. Saisonal fahren Schifffahrtsgesellschaften den Hafen Unteruhldingen direkt an.

- Strandpromenade 6, 88690 Uhldingen-Mühlhofen • +49 7556 / 92 89 00 • www.pfahlbauten.de

LATEINAMERIKANISCHE *Lebensfreude*

Auf einem Samba-Festival durch die Straßen tanzen

BUNDESLAND
Bayern

JAHRESZEIT
Sommer

Wenn die grauen Straßen plötzlich mit allen Farben überflutet werden, wenn der Lärm der Stadt von Musik und Gelächter übertönt wird, wenn Zurückhaltung der Lebensfreude weicht und sich Alltag in eine Auszeit verwandelt.

Dann ist entweder Karneval in Rio de Janeiro.

Oder Samba-Festival in Coburg.

Welches von beiden wir gerade erleben, macht oft gar keinen so großen Unterschied, kann es schließlich sogar sein, dass die Tänzerinnen und Tänzer dieselben sind, die Kostüme die gleichen. Und an Lebensfreude mangelt es sowieso nicht.

Das **Internationale Samba-Festival**, das jeden Juli im oberfränkischen **Coburg** stattfindet, ist das größte und beste außerhalb Brasiliens. Das sagen nicht nur die Coburger selbst – diesen Titel bekam das Festival vor ein paar Jahren, 2014, beim Congresso International do Samba mit dem Edison-Carneiro-Preis verliehen.

Während des Samba-Festivals verwandelt sich die Coburger Innenstadt mit ihren Altbauten und den Bratwurst-Buden in eine südamerikanische Sambameile. Für ein Wochenende weicht die oberfränkische Gemütlichkeit dem ausgeflippten Lebensgefühl Rios.

Diese Verwandlung startet immer schon am Freitagabend, wenn die ersten Musikgruppen auf den Bühnen auftreten, die in der ganzen Altstadt verteilt sind. Dann dauert es nicht lange, bis die Latino-Klänge auch in die entlegensten Winkel, Ecken und Erker vorgedrungen sind, die Hüften und Schultern der Menschen zum Schwingen oder zumindest zum vorsichtigen Wippen bringen.

Einen ersten Höhepunkt erreicht die brasilianische Freude in Coburg samstags, wenn sich die ganze Innenstadt in eine Party verwandelt. Die Tänzerinnen, Tänzer und Musiker konzentrieren sich nicht auf ein paar einzelne Bühnen, sondern ziehen durch die Straßen und Gassen wie eine Welle an südamerikanischem Rhythmus. Der überflutet die gesamte Innenstadt.

Damit Sie sich die Dimensionen besser vorstellen können: Wir sprechen hier nicht von ein paar Tänzerinnen, Tänzern, und Musikern. Sondern von 3.000.

3.000 Künstler mit Rhythmus im Blut, und die kommen aus der ganzen Welt.

Darunter sind Sambaköniginnen aus Brasilien, bei denen wir uns kaum einig werden können, ob ihre Gesichter mehr Strahlen oder ihre bunten, mit Federn besetzen Kostüme.

2010 ließ es sich selbst die damals amtierende Königin des Karnevals in Rio de Janeiro, Shayene Cesario, nicht nehmen, beim Samba-Festival in Coburg dabei zu sein. Giovane Élber, der brasilianische Fußballspieler, soll gesagt haben, dass er sich beim Samba-Festival in Coburg fast wie zu Hause in Brasilien fühlt.

Der finale Höhepunkt des Festivals ist die große Parade am Sonntag. Dann ziehen alle Tänzerinnen und Tänzer, alle Künstler, Musiker und Trommler gemeinsam quer durch die Stadt, umringt und begleitet von begeisterten Gästen und Zuschauern, die gar nicht anders können, als die südamerikanische Lebensfreude durch die Straßen zu tragen. Durch die Straßen der oberfränkischen Stadt, die selbst nur gute 40.000 Einwohner zählt.

Gut zu wissen

Das Internationale Samba-Festival findet in Coburg jedes Jahr am zweiten Juli-Wochenende statt. Freitagabends und samstags treten Musiker auf verschiedenen Bühnen in der Innenstadt auf. Am Samstagabend verwandelt sich die komplette Innenstadt in eine einzige Samba-Party.
Am Sonntag beginnt das Festival mit einem Open-Air-Samba-Gottesdienst – gefolgt vom Höhepunkt, dem großen Umzug, der durch die Stadt zum Schlossplatz zieht.
+49 95 61 / 70 53 70 • www.samba-festival.de

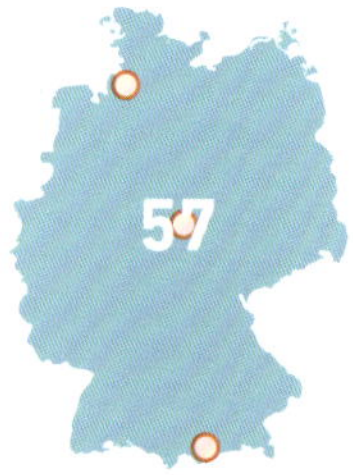

SCHWERELOS WIE *Astronauten*

Tauchen zwischen Wracks, Flugzeugen und alten Stollen

BUNDESLÄNDER
Niedersachsen, Thüringen, Bayern

JAHRESZEITEN
Sommer, Herbst

Genau so müssen sich Astronauten fühlen.

Während mein Sauerstoff in kleinen Blasen nach oben blubbert, habe ich immer wieder ein Bild im Kopf: Ein in weiß gehüllter Mensch schwebt durch die Sphäre, Sauerstoff auf dem Rücken, schwerelos. Genau wie ich. Nur nicht in Weiß mit durchsichtigem Kugelhelm, sondern in Neopren mit durchsichtiger Taucherbrille.

Eines haben wir aber trotzdem gemeinsam, der Astronaut und ich: Wir beide schweben schwerelos durch eine unwirkliche Welt.

Obwohl ich hier unten als Mensch mehr als irgendwo anders ein Fremdkörper bin, fühle ich mich unserer Welt verbundener denn je. Mittendrin, umgeben von Natur, die so viel mächtiger ist als ich, unendlich weit, tiefer als wir forschen können.

Seit diesem ersten Tauchgang tief im Indischen Ozean entwickle ich unter Wasser das ultimative Fernreise-Gefühl. Sobald das kleine Tauchboot übers Wasser schießt und mir die feuchte Luft ins Gesicht weht, fühlt sich Zuhause unendlich weit weg an. Das Boot katapultiert mich nicht nur über kleinere und größere Wellen, sondern in Gedanken um den halben Erdball.

Das funktioniert immer – jeder einzelne Tauchgang in all den letzten Jahren hat das bewiesen. Ohne Ausnahme und unabhängig davon, ob der Himmel blau oder die Fische bunt sind.

Das bringt mich zur schönsten Nachricht in diesem Zusammenhang: Das bedeutet, dass dieses Gefühl auch in Deutschland entsteht.

Denn obwohl Deutschland vielleicht nicht für kunterbunte Unterwasserwelten bekannt ist – so könnte es dennoch für sonderbar aufregende Unterwasserwelten bekannt sein.

Tauchen können wir nämlich nicht nur in Nord- und Ostsee, sondern auch in zahlreichen Seen. Und wenn ich jetzt schreibe, dass diese Tauchspots in Sachen Abenteuerfaktor einige der Orte übertreffen, die unter Tauchern als weltberühmt gelten, dann meine ich das wirklich genau so. Und – nein, wir sprechen natürlich nicht von imposanten Riesenschildkröten, orangen Fischen, farbenfrohen Korallenriffen oder Haien. Dafür aber von zwei Meter großen Welsen, die unseren Puls im ersten Moment ebenfalls in die Höhe treiben werden. Und wir sprechen von abgestürzten Flugzeugen, Wracks aus Weltkriegszeiten, von alten Bergwerken und sogar von ganzen, versunkenen Orten, die wir mit Sauerstoffflaschen auf dem Rücken tief unten auf dem Grund von Süßwasser-Seen erkunden können.

Aber langsam, eins nach dem anderen.

Wrack eines Lkw im Kreidesee Hemmoor ▶

Niedersachsen

Geflutete Wälder und Häuser in einem alten Tagebau

Was bis vor 50 Jahren ein beschäftigter Kreide-Tagebau war, ist heute ein beeindruckendes Tauchziel: Im türkisblauen Wasser des **Kreidesee Hemmoor** können Taucher an einer Straße entlangtauchen und geflutete Häuser und Wälder entdecken, die sich ehemals über Wasser befanden – bevor die Pumpen ausgeschaltet wurden und sich die Grube allmählich mit Wasser füllte. Im bis zu 60 Meter tiefen See liegen auch Autos, Wohnwagen und ein Segelboot.

Verschiedene Tauchschulen zwischen Hannover und Hamburg bieten Tagesausflüge zum Kreidesee an, die erste Anlaufstelle in Hemmor selbst ist die **Tauchbasis Kreidesee**.

Cuxhavener Straße 1, 21745 Hemmoor • +49 4771 / 79 21 • www.kreideseetaucher.de

Thüringen

Ein ganz normales Dorf – nur eben unter Wasser

Um mehr Taucher in die Region zu locken und einen attraktiven Lebensraum für Fische, Krebse und Schwämme zu erschaffen, ist im **Sündhäuser See** der Nachbarort Nordhausen mal eben nachgebaut worden. Ja, richtig verstanden: Der Ort ist im See nachgebaut worden. Rund 13 Meter unterhalb der Wasseroberfläche liegt **Nordhusia**. Die Stadt, erbaut aus umweltfreundlichen Materialien, ist Stück für Stück im See versenkt worden. Taucher können seither die einzelnen Häuser erkunden – es gibt sogar eine Kirche samt Friedhof. Und eben jede Menge Fische und Krebse.

Das **Tauchsportzentrum Nordhausen** bietet Schnuppertauchgänge an, aber auch Ausbildungen für Einsteiger und Fortgeschrittene.

Uthleber Weg 27, 99734 Nordhausen • +49 3631 / 47 12 72 • www.actionsport-nordhausen.de

Bayern

Karibisches Wasser, eine Steilwand, Flugzeuge und ein VW-Käfer

Wer im **Walchensee** in den Bayerischen Alpen tauchen geht, könnte im ersten Moment am eigenen Verstand zweifeln: Abgetaucht in karibischem Wasser, gibt es hier an verschiedenen Tauchplätzen Kurioses zu entdecken. Zum Beispiel mehrere Flugzeug-Wracks aus dem Zweiten Weltkrieg und die Auto-Wracks eines VW-Käfers und Ford-Oldtimers. Der Walchensee versteckt außerdem die

▲ Autowrack im Kreidesee Hemmoor

imposanteste Unterwasser-Steilwand Deutschlands: Diese Galerie stürzt sich fast senkrecht 200 Meter in die Tiefe.

Zehn Kilometer vom See entfernt liegt **Michis Tauchertreff** – dort können wir Schnuppertauchgänge Kurse für Einsteiger buchen.

▬ Mittenwalder Straße 18, 82499 Wallgau • +49 175 278 65 01 • www.michis-tauchertreff.de

Die richtige Tauchschule finden

Tauchen bedeutet nicht, sich die Sauerstoffflasche auf den Rücken zu schnallen, die Brille überzuziehen und ins Wasser zu springen – ohne entsprechende Ausbildung oder den richtigen Partner. Tauchen ist eine Sportart, die wegen verschiedener Risiken einer grundlegenden Ausbildung Bedarf. Wer nicht gleich einen Tauchschein machen möchte, hat in verschiedenen Tauschulen die Möglichkeit zum Schnuppertauchen.

Tauchschulen gibt es sehr viele – bei der Auswahl am besten darauf achten, dass die Schule die Standards einer der weltweit zertifizierenden Ausbildungsorganisationen erfüllt. Die gängigsten Zertifikate sind die von PADI, SSI, CMAS und NAUI.

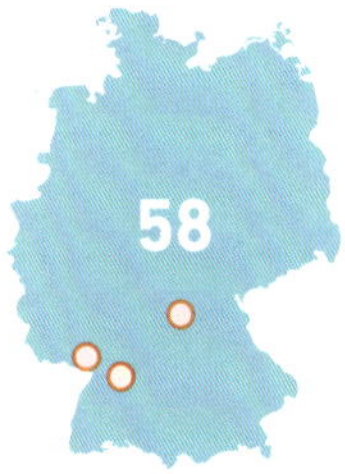

PICKNICK IN den Weinbergen

Eine Tour von Weingut zu Weingut unternehmen

BUNDESLÄNDER
Bayern, Baden-Württemberg, Rheinland-Pfalz

JAHRESZEITEN
Sommer, Herbst

Den folgenden Satz habe ich mehrmals auf seine Richtigkeit überprüft, bin aber immer wieder zum selben Ergebnis gekommen: Ich kenne niemanden, der von einer Reise durch Südamerika zurückgekommen ist und nicht über die Weinberge gestaunt, dort gepicknickt oder sogar eine Tour von Weingut zu Weingut unternommen hat.

Nun kann es natürlich passieren, dass Sie diese Aussage widerlegen. Eines ist trotzdem sicher – und ich bin zuversichtlich, dass mir dabei niemand mehr widersprechen wird: Südamerika ist für vieles bekannt, unter anderem definitiv für seine Weine. Wäre auch komisch, wenn das anders wäre, schließlich ist auf dem südamerikanischen Kontinent eine Fläche von ungefähr 530.000 Hektar mit Weinreben bestockt. Plötzlich ist es also nicht mehr verwunderlich, dass ein Picknick zwischen den Reben zu einem Besuch in Südamerika irgendwie dazugehört. Ein *Wine Tasting* darf meistens nicht fehlen, genauso wenig wie ein Spaziergang über die Hügel und Farmen, zwischen dichten Reben und prallen Weintrauben.

Zwischen den Weinreben steht die Zeit still, vor allem dann, wenn die Sonne untergeht und orange-rosa Muster an den Himmel zeichnet.

Das Lebensgefühl Südamerikas springt über, noch bevor der erste Tropfen geflossen ist.

Wenn wir ein kleines bisschen dieses Südamerika-Gefühls zu uns nach Hause holen wollen, können wir so eine Auszeit auch auf einem deutschen Weingut erleben. Romantik zwischen den Reben und unvergessliche Sonnenuntergangs-Stimmung inklusive.

Rund 80.000 Winzer gibt es in Deutschland – die größten Anbaugebiete sind Rheinhessen, die Pfalz und Baden.

Dort, aber auch in anderen Bundesländern, öffnen einige Winzer für Gäste die Pforten zu ihren Weingütern und -bergen. Es gibt Touren, *Tastings* und Picknicks zwischen den Reben. Aber auch die Möglichkeit, dass wir es uns ganz alleine auf öffentlichen Picknickplätzen gemütlich machen.

Öffentliche Picknickplätze mit Weinberg-Panorama

Entlang der **Deutschen Weinstraße** in der Pfalz gibt es kaum einen Platz, an dem wir kein atemberaubendes Panorama auf Weinberge haben. Hinzu kommt das Glück, dass die gesamte Region von milden Temperaturen und vielen Sonnenstunden verwöhnt wird. Die Voraussetzungen für ein gemütliches Picknick könnten besser nicht sein.

In der Region hat man das längst erkannt und viele Flächen, die sonst unter Privatbesitz fallen würden, für gemütliche Stunden auf einer Picknickdecke freigegeben. In unseren Korb müssen wir nur noch das packen, was wir

am liebsten haben, an manchen Picknickplätzen gibt es sogar Tisch und Bank.

Zum Beispiel auf der **Kleinen Kalmit**, die mit 271 Metern die höchste Erhebung im Rheingraben bildet – das Panorama erstreckt sich über den Pfälzerwald und die Deutsche Weinstraße (Koordinaten: N 49.186255, E 8.057528).

Oder beim **Aussichtspunkt im Paradiesgarten** bei **Deidesheim**, der einen Ausblick über die Rheinebene und die umliegenden Weinberge bietet (Koordinaten: N 49.407957, E 8.171956). Beide Plätze sind zu Fuß oder mit dem Fahrrad erreichbar.

Eine größere Auswahl an öffentlichen Picknickplätzen gibt's online auf www.diepfalz.de.

https://diepfalz.de/pfalz/essen-trinken/beliebte-picknickplaetze-an-der-deutschen-weinstrasse/?cn-reloaded=1&cn-reloaded=1

Mit dem Fahrrad von Weingut zu Weingut

Weil die Weingüter groß und die Entfernungen zwischen ihnen weit sind, ist eine Radtour von Winzer zu Winzer eine beliebte Beschäftigung in Südamerika – auch bei den Einheimischen, wenn die Lust nach entspannten Wochenenden in der Sonne (und auf Wein) groß ist.

Solche **geführten Radtouren** können wir auch in Baden und in Württemberg unternehmen – angeboten werden die von sogenannten Weinerlebnisführern.

Bei »Rad und Wein« reicht das Angebot von festen Terminen, denen wir uns anschließen können, bis zu individuellen Führungen. Außerdem gibt es Erlebniswanderungen durch die Weinberge, Weinverkostungen, Kellerführungen und Planwagenfahrten. Alle Touren finden in Zusammenarbeit mit Weingärtnergenossenschaften oder Weingütern statt.

+49 174 929 75 85 • www.radundwein.de

Für alle, die lieber auf eigene Faust unterwegs sind, sind in manchen Regionen die schönsten Radrouten durch die Weinberge gekennzeichnet: Der **Württemberger Weinradweg** – der bekannteste unter den landesweiten Weinrouten – verbindet auf über 350 Kilometern 56 Weinbaugemeinden miteinander. Tagesausflügler können einzelne Etappen radeln. Oder aber wir suchen uns eine andere Tour durch die Region aus. Die Auswahl ist groß, darunter sind auch familienfreundliche Varianten.

Auf www.radfahren-bw.de sind im Menüpunkt »Radtouren« die schönsten Weinradwege übersichtlich und mit vielen Extra-Infos zusammengefasst.

Auch das **Fränkische Weinland** in Bayern ist durchzogen von endlos scheinenden Radwegen. Die führen entweder direkt an den Reben vorbei und über die Weinberge, am Main entlang oder vorbei an beeindruckenden Burgruinen.

Routenvorschlägen in Bayern finden wir unter www.fraenkisches-weinland.de. Im Menüpunkt »Aktiv« *Radfahren* auswählen.

Führungen samt Weinprobe

Zahlreiche deutsche Winzer bieten auf ihren Weingütern Führungen an. Zwischen den Reben plaudern die Experten über die Geheimnisse guter Weine – Kostproben sind in der Regel inklusive, manchmal werden auch Picknicks angeboten. Dazu am besten direkt beim Weingut der Wahl nachfragen.

Der Tourismusverband für die Region um **Lauffen am Neckar** beispielsweise hat sich auf solche Angebote spezialisiert. In der Region blickt man nicht nur auf eine lange Geschichte des Weinbaus zurück, sondern engagiert sich seit Jahren, diese Kultur und Tradition erlebbar zu machen. Das Programm reicht von Weinfesten bis zu Führungen zu jeder Jahreszeit. Einen Überblick über Führungen, Feste und Picknicks gibt's im Bürgerbüro und online.

Bahnhofstraße 54, 74348 Lauffen • +49 7133 / 207 70 • www.lauffen.de

Das bayerische Pendant zu Lauffen am Neckar ist **Iphofen** in Unterfranken. Auch hier gibt es eine Bandbreite an Aktivitäten in und um die Weingüter.

Die Tourist Info Iphofen hat viele Tipps für Ausflüge parat.

Kirchplatz 1, 97346 Iphofen • +49 9323 / 87 03 06 • www.iphofen.de

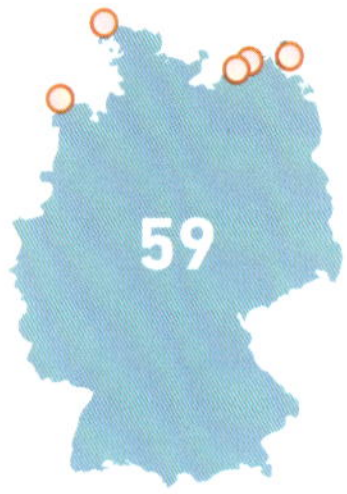

KURZURLAUB *auf dem Brett*

Auf der Jagd nach den besten Wellen

BUNDESLÄNDER
Schleswig-Holstein, Mecklenburg-Vorpommern

JAHRESZEIT
Ganzjährig

Eins sein mit dem Ozean. Die Wellen sind gleichzeitig Freiheit und Mittel gegen Fernweh. Auf dem Wasser sind wir für einen Moment schwerelos, und diese Verbindung hält auch dann noch, wenn die Welle längst gebrochen ist.

Die kürzeste Entfernung, die Surfer aus Deutschland für dieses Erlebnis in der Regel zurücklegen, ist die an die französische Küste, lieber noch geht's nach Portugal zu den gewaltigen Atlantik-Wellen. Am allerliebsten aber geht es mit dem Brett unter dem Arm an die Strände Südamerikas. Ein Wellenparadies zwischen Karibik und Pazifik, Tausende Kilometer mit Bilderbuch-Bedingungen und großer Freiheit auf dem Brett.

Es gibt quasi Nichts, was die Küsten Südamerikas nicht bieten können, hier bekommen alle Surfer das, was sie suchen. Und sogar noch ein bisschen mehr.

In Umfragen landen die Spots in Südamerika zuverlässig unter den besten der Welt. Auch deshalb, weil viele Küstenabschnitte nicht nur zu einer bestimmten Saison, sondern das ganze Jahr über perfekte Wellen liefern.

Die perfekte Welle, das ganze Jahr über – damit kann Deutschland zugegebenermaßen nicht dienen, vor allem nicht in der südamerikanischen Perfektion.

Die gute Nachricht aber ist: Deutschland kann durchaus mit guten Wellen dienen. Und auch in Deutschland finden Surfer das Gefühl, eins zu sein mit dem Ozean, die schwerelose Freiheit auf dem Wasser. Vor allem an der **Nordsee** ist das möglich, aber auch die Ostsee zieht aus gutem Grund mehr und mehr Wellenreiter aufs Wasser.

Sylt
Die Wiege des deutschen Surfertums

Zugegeben: Die Nordsee macht es Surfern nicht leicht. Sie liefert keine Wellengarantie und selbst gute Prognosen können sich im Stundentakt um 180 Grad wenden. **Sylt** hat es trotzdem geschafft, eine deutsche Surfer-Tradition ins Leben zu Rufen.

Mittlerweile gilt die 40 Kilometer lange Westküste als Feuerprobe für alle Surfer. Es heißt, wer hier gut auf dem Board steht, der schafft es überall. Die endlose Sandbank schafft einen optimalen Übungsplatz für erste Versuche – gleichzeitig kommen auf Sylt auch erfahrene Surfer auf ihre Kosten. Die besten Bedingungen erleben wir meist zwischen September und April, wenn die Herbst- und Winter-Swells die Nordsee aufwühlen. Wer für das rund fünf Grad kalte Wasser ausgerüstet ist, findet in den Wellen vor Sylt die endlose Freiheit.

Die Crew von **Südkap Surfing** bietet in der Surfschule Wenningstedt Kurse für jedes Level an. Kinder ab sieben Jahren, die schwimmen können, können erste Versuche starten, außerdem gibt es Schnupperkurse für alle Altersklassen (ab 95 Euro pro Person inklusive Ausrüstung).

Der Standort Wenningstedt liegt im Zentrum der Insel.

Dünenstraße 333b, 25986 Wenningstedt-Braderup • +49 4651 / 95 703 73 • www.suedkap-surfing.de

Norderney

Die Welle für alle

Norderney ist für viele Surfer auf der Suche nach guten Wellen nicht die erste Adresse – dennoch aber eine Anlaufstelle, die gute Bedingungen am zuverlässigsten liefert. Am Januskopf rollen sowohl zwei Stunden vor als auch zwei Stunden nach Hochwasser die besten Wellen auf den Strand zu. Die sind auch für Einsteiger ein besonders gutes Training.

Die **Surfschule Norderney** verleiht nicht nur Ausrüstung (35 Euro für den halben Tag inklusive Transport), sondern bietet auch Einsteigerkurse an (ab 129 Euro für Praxis, Theorie und Ausrüstung an drei bis fünf Tagen).

Die Öffnungszeiten der Surfschule sind an die Gezeiten angepasst – vorher am besten telefonisch informieren.

+49 4932 / 648 • www.surfschule-norderney.de

Auf www.norderney.de/wetter finden wir außerdem einen Gezeiten-Kalender.

Im Vergleich zur Nordsee ist die **Ostsee** ruhig. Gute Wellen gibt es trotzdem, wenn sie auch etwas rarer sind. Mit dem richtigen Hintergrundwissen und gutem Timing warten aber auch an der deutschen Ostseeküste unvergessliche Stunden auf dem Board. Ein Pluspunkt: Weil das Wasser vergleichsweise flach ist und die Buchten geschützt, steigt die Wassertemperatur im Hochsommer auf bis zu 20 Grad. Mit der Musik der Strandbar, Sand in den Haaren und Salz im Gesicht kommen auf dem Wasser Reggae-Momente auf, wie wir sie auch aus Südamerika in fester Erinnerung haben.

Wustrow

Zwei Meter hohe Wellen für erfahrene Surfer

Wustrow, ein gemütlicher Ferienort nur 40 Kilometer östlich von Rostock, ist bei guten Wellen gar nicht mehr so gemütlich. Im positiven Sinne, versteht sich. Denn bei Südwest-Wind können erfahrene Surfer hier Zwei-Meter-Wellen reiten. Auch Einsteiger sind in Wustrow richtig, denn die Wellen brechen auf einer vorgelagerten Sandbank.

Bei Fragen nach den aktuellen Surfbedingungen hilft die Crew des **Surfcenter Wustrow** weiter. Dort können wir

Ausrüstung ausleihen, auch Kurse werden angeboten. Sogar Einzelkurse (60 Euro pro Stunde).

An der Nebelstation, 18347 Ostseebad Wustrow • +49 38220 / 802 50 • www.surfcenter-wustrow.de

Warnemünde

Surfen, wenn die Fähre kommt

Mit den kilometerlangen Sandstränden, dem klaren Wasser und den Beachbars macht es uns **Warnemünde** leicht, uns nach Übersee zu träumen. Surfer springen am liebsten dann ins Wasser, wenn am Horizont eines der Schiffe auftaucht, die nach Skandinavien übersetzen. Die Fähren erzeugen für rund 15 Minuten gute Wellen, während der Wind still ist und die Sonne auf die Schultern brennt.

Bei allen Fragen rund ums Surfen in Warnemünde ist die Crew von **Supremesurf Rostock** ein guter Ansprechpartner. Direkt am Spot liegt eine Verleihstation, dort können wir auch Surfkurse buchen. Vorher am besten über die Öffnungszeiten erkundigen, denn die variieren je nach Jahreszeit.

Strandaufgang 11, 18119 Rostock-Warnemünde • +49 176 617 32 10 • www.supremesurf.de

Binz

Heimat der höchsten Ostsee-Wellen

Keine Frage: Die Wellen in **Binz** sind für die deutsche Ostseeküste einzigartig. Die Bucht reicht von Sassnitz bis zum Ostseebad Binz und hat die größte Entfernung bis zum nächsten Festland. Das Wasser ist hier verhältnismäßig tief und das Meer hat viel Platz, um anzulaufen. Bei kräftigen Ost- bis Nordostwinden passiert es nicht selten, dass wir auf über zwei Meter hohen Wellen reiten können. Und das ohne großes Paddeln, denn von der Seebrücke aus können Surfer direkt ins Wasser springen.

Der **Aloha Surfshop** in Binz ist die richtige Anlaufstelle für alle, die in der Bucht aufs Brett wollen: Es gibt Leihausrüstung, Kurse und gute Ratschläge zu den aktuellen Bedingungen.

Jasmunder Straße 7, 18609 Binz • +49 172 391 86 25 • www.surfshop-binz.de

> Apropos gute Ratschläge: Vor dem Surfen in Nord- oder Ostsee unbedingt vorher über die Gezeiten und speziellen Strömungen informieren. Vor Ort wissen die Mitarbeiter in Surfshops und den Tourist Informationen Bescheid.

Anhang

Epilog

Die bayerischen Alpen sind meine Heimat. Dort bin ich aufgewachsen, auch heute sind sie mein Rückzugsort zwischen den Abenteuern. Sie sind meine Wohlfühlzone.

Zwischen all den Wegen und Kurven gibt es hier diese eine Straße, die für mich immer schon besonders war.

Diese Straße führt ewige Kilometer durch den Wald, nie sehen wir weiter als bis zur ersten Baumreihe. Es müssen Hunderte Male gewesen sein, dass ich diese Straße entlanggefahren bin. Irgendwann werden die Hügel größer, die Straße kurviger, der Wald lichter.

Bis wir plötzlich ganz oben auf einem Plateau angekommen sind. An dieser höchsten Stelle öffnet sich der Wald und gibt den Blick frei auf die Bergkette der Bayerischen Alpen.

Feinstes Postkartenpanorama, bei dem mir auch nach der 400. Fahrt noch der Atem stocken wird.

Ein gutes Jahr ist es mittlerweile her, Felix und ich waren mal wieder auf dieser Straße unterwegs. Der Himmel war knallblau und die Sonne stand gerade hoch genug, dass sie die Wiesen vom ersten Frost befreien konnte.

Wie all die Hundert Male zuvor bin ich auf diesem Plateau staunend auf dem Beifahrersitz gesessen. Dieses Mal habe ich zu Felix gesagt:

»Wären wir jetzt auf Reisen, in Neuseeland, in Georgien, in der Mongolei, irgendwo. Dann würden wir hier sofort anhalten, weil wir nicht glauben könnten, wie schön es ist. Und wir würden ein Foto machen, um von diesem Ort zu erzählen.«

Obwohl Felix neben mir eifrig genickt hat, haben wir lange nicht angehalten, um dieses Foto zu machen.

Bis vor ein paar Monaten.

Dann ist es mir endlich gelungen, meine Heimat nicht nur mit den Augen einer Reisenden zu betrachten, sondern das Bekannte neu zu entdecken.

Und all dieses Bekannte – das ist überraschend unbekannt, sobald wir ganz genau hinsehen.

Nun wünsche ich auch Ihnen, dass Sie unverhofft und überall solche Momente erleben, die Gänsehaut bei Ihnen auslösen.

Dass Sie zuhause Erinnerungen sammeln, die Sie um die ganze Welt schicken. Dass es Ihnen gelingt, Ihr Heimatland mit den Augen eines Entdeckers neu zu betrachten. Dass Sie das Unbekannte im Bekannten erkennen.

Und nicht zuletzt wünsche ich Ihnen, dass Sie ein Lebensgefühl erfahren, das weit über Grenzen hinausreicht.

Register der Orte

Danke

Ohne es zu merken, habe ich eine Gewohnheit entwickelt: Jedes Mal, wenn ich ein neues Buch aufschlage, blättere ich ganz nach hinten. Die Danksagung ist das Erste, was ich lese. Warum das so ist, weiß ich ehrlich gesagt nicht, trotzdem passiert das immer wieder genau so, ohne Ausnahmen.

Umso wichtiger ist es mir deswegen, an dieser Stelle ein paar große Dankeschöns auszusprechen.

Danke, Felix. Dafür, dass du der beste Begleiter der Welt bist. Nicht nur auf unseren Abenteuern, sondern auch an all den anderen Tagen. Danke für deine grenzenlose Unterstützung und dafür, dass du auch die Ideen ernst nimmst, die so viel Aufmerksamkeit vielleicht gar nicht immer verdient haben. Und aus gegebenem Anlass: Danke dafür, dass du mir deine neuen Wunderwaffen-Kopfhörer zum Schreiben leihst, obwohl du im selben Moment eigentlich genauso wenig ohne diese komplette Stille-Funktion sein kannst.

Danke, Mama und Papa, Schwiegermama und Schwiegerpapa, und danke Opa. Dafür, dass ihr immer noch alles über und für uns aus Zeitungen und Magazinen ausschneidet und uns Bücher und Ausrüstung für Abenteuer schenkt, obwohl ihr euch schrecklich Sorgen macht, wenn es dann soweit ist.

Opa, danke, dass du mir immer wieder sagst, dass du mein großer Fan bist. Ich glaube, es gibt niemanden, der *Ins Nirgendwo, bitte!* schon zum vierten Mal liest. Und obwohl mich das unendlich rührt, bin ich froh, dass ich dich nun mit neuem Lesestoff versorgen kann.

Danke an meine Freunde: Für Stunden und Tage in der Natur, in denen wir die Zeit und alles andere vergessen. Für gemeinsame Abenteuerpläne und lange Gespräche – und all die Motivation und Aufmunterung in allen Lebensbereichen, wenn ich sie am nötigsten habe.

Caro, dir danke ich, weil du der beste Schreib-Buddy bist und immer einen guten Rat parat hast – auch dann, wenn ich noch gar nicht weiß, dass ich einen brauche.

Michèle und Silvan: Eure Zuversicht, eure Motivation und der Glaube an den richtigen Weg sind ansteckend und ich bin unendlich dankbar, dass ihr ein so wichtiger Teil meines Lebens geworden seid. Danke, dass ihr immer so nah seid, auch wenn Grenzen zwischen uns liegen.

Danke an das Verlagsteam von Conbook. Ganz besonders an Svenja für all die Ideen, um möglichst viele Menschen von diesem Buch wissen zu lassen. An Artur für deine Geduld, auch noch nach meiner hundertsten Frage zum Design.

Und an Matthias. Matthias, deine Leidenschaft und dein Einsatz sind beachtlich – dafür danke ich dir von ganzem Herzen. Ich liebe die Ideen, die mit »Ich denke jetzt einfach mal laut« beginnen, und freue mich auf so viel mehr Projekte, die genau mit diesen Worten starten.

Danke an meine Agentin Christine Proske, dass Sie mir den Rücken stärken und immer das Gefühl geben, dass noch viel mehr Bücher folgen werden.

Und zu guter Letzt: Ein großes Dankeschön an Sie.

Nicht nur, weil Sie diese Danksagung (vielleicht als Erstes? :-)) gelesen haben, sondern dafür, dass Sie dieses Buch in Ihren Händen halten. Sie höchstpersönlich tragen dazu bei, dass ich mich Autorin nennen darf. Ohne Sie dürfte ich meine Abenteuer und Geschichten aus Deutschland und der Welt nicht mit so vielen weiteren Menschen teilen. Danke, dass Sie mir das ermöglichen.

Es bedeutet mir die Welt.

Impressum

www.conbook-verlag.de
www.instagram.com/conbook_verlag
www.facebook.com/conbook

Einbandgestaltung: FAVORITBUERO, München, unter Verwendung von Bildmaterial: lettas / Adobe Stock (Rückseite oben links), WDC/Charlie Phillips (Rückseite oben mittig), mindscapephotos / Adobe Stock (Rückseite oben rechts), Juergen Wackenhut / Shutterstock.com (Rückseite unten links), alpinenature / Shutterstock.com (unten rechts)
Layout und Kartografie: David Janik
Druck und Verarbeitung: Multiprint, Bulgarien

Bildnachweise/Copyrights: S. 14: Franziska Consolati • S. 15: Franziska Consolati • S. 18/19: Chiemsee-Alpenland Tourismus • S. 20: Ronald Wittek / Shutterstock.com • S. 22 (oben): www.baumpalast.de • S. 22 (Mitte): www.das-baumhaushotel.de • S. 22 (unten): www.baumgefluester.de • S. 23: waldseilgarten hoellschlucht • S. 25: Jana Krizova / Shutterstock.com • S. 26: Iwona Fijol / Shutterstock.com • S. 28 (links): Mario Gerth, www.africafestival.org • S. 28 (rechts): Patty Varasano, www.africafestival.org • S. 29: Peter Schuhmann, www.africafestival.org • S. 31: Fursten Forest • S. 33: DeHoerb / Shutterstock.com • S. 34: Joppi / Bigstock.com • S. 35: Joppi / Shutterstock.com • S. 39: Juergen Wackenhut / Shutterstock.com • S. 40: imageBROKER.com / Shutterstock.com • S. 42/43: nnattalli / Shutterstock.com • S. 45 (links unten): Düsseldorf Tourismus – Foto Sabrina Weniger • S. 45 (rechts unten): Düsseldorf Tourismus – Foto Sabrina Weniger • S. 47: Franziska Consolati • S. 49 (beide): Affenberg Salem • S. 50/51: Ugis Riba / Shutterstock.com • S. 52/53: corofish / Shutterstock.com • S. 55: Traveller70 / Shutterstock.com • S. 57 (links): lebaer / Adobe Stock • S. 59: Thomas Otto / Adobe Stock • S. 57 (rechts): KK imaging / Shutterstock.com• S. 60: Tobias Arhelger / Shutterstock.com • S. 62: lettas / Adobe Stock • S. 63: Franziska Consolati • S. 64/65: apcefoto / Adobe Stock • S. 69: waldseilgarten hoellschlucht • S. 71: Thomas Herdieckerhoff • S. 72: Michael Thaler / Shutterstock.com • S. 74: mindscapephotos / Adobe Stock • S. 75: ON-Photography Germany / Shutterstock.com • S. 78: milosk50 / Shutterstock.com • S. 79: Murat Can Kirmizigul / Shutterstock.com • S. 81: Rolf Goosmann, Bildarchiv Südlichen Weinstrasse e.V. • S. 82: Hans-Georg Merkel, Bildarchiv Südlichen Weinstrasse e.V. • S. 84 (oben): Frank Wagner / Adobe Stock • S. 84 (unten): flagman_1 / Shutterstock.com • S. 86/87: ThomBal / Shutterstock.com • S. 89: Fabian Junge / Shutterstock.com • S. 90: SanGero / Adobe Stock • S. 91: Jan Wehnert / Shutterstock.com • S. 92: Daniel Pahmeier / Shutterstock.com • S. 94/95: BunBo - Das BungalowBoot, www.BunBo.de • S. 96/97: aliaksei kruhlenia / Shutterstock.com • S. 99/100: RENRAJDvualka • S. 102: U. Gernhoefer / Shutterstock.com • S. 104/105: Seifert Fotografie / Shutterstock.com • S. 105 (rechts): Edgar C Biehle / Shutterstock.com • S. 109: Mo Where / Shutterstock.com • S. 111: M. Kaiser – Nationalpark Eifel • S. 112–114 (unten): Ruslan Kalnitsky / Shutterstock.com • S. 114 (oben): Klaus Jung / Shutterstock.com • S. 116 (links): Arif Azhar / Shutterstock.com • S. 116/117: Peeradontax / Shutterstock.com • S. 118: Lukassek / Shutterstock.com • S. 120 (oben): www.barbarossahoehle.de • S. 120 (links): Günter Jentsch • S. 120 (rechts): Schlingensiepen Biermeier GbR • S. 125 (oben): jaroslava V / Shutterstock.com • S. 125 (unten): John_Silver / Shutterstock.com • S. 127: Yamagiwa / Shutterstock.com • S. 129 (oben): Vincent2004 / Shutterstock.com • S. 129 (unten): cirtinaclaudiu / Shutterstock.com • S. 131: Ksenia Ragozina / Shutterstock.com • S. 133: Debbie Kanders / Shutterstock.com • S. 135: www.hollandfoto.net / Shutterstock.com • S. 137 (oben): mmstudiodesign / Shutterstock.com • S. 137 (unten): Tom Cloverfield / Shutterstock.com • S. 139: Gospodarek Mikolaj / Shutterstock.com • S. 141: Hans C. Schrodter / Shutterstock.com • S. 145 (links): SusaZoom / Shutterstock.com • S. 145 (rechts oben): Flyingmovies / Shutterstock.com • S. 145 (rechts unten): Franziska Consolati • S. 146/147 (beide): www.wolfcenter.de • S. 148 (beide): www.wolfcenter.de • S. 150/151: Bildagentur Zoonar GmbH / Shutterstock.com • S. 152: Piet Lischack / Shutterstock.com • S. 154/155: Kathrin Heckmann • S. 157: LianeM / Shutterstock.com • S. 158: Reiner Conrad / Shutterstock.com • S. 160 (oben): Emre / Adobe Stock • S. 160 (unten): daniilphotos / Shutterstock.com • S. 162 (oben): Norbert Kranz, hundetouren.de • S. 162 (unten): Thomas Gut • S. 164: imageBROKER.com / Shutterstock.com • S. 165: www.canyonauten.de • S. 166/167: Stefan Arendt / Adobe Stock • S. 171 (oben): Thorsten Schier / Shutterstock.com • S. 171 (unten): Johnny Giese / Shutterstock.com • S. 173: Sybille Reuter / Shutterstock.com • S. 175 (oben): parallel_dream / Adobe Stock • S. 175 (unten): snrb-fotografie / Shutterstock.com • S. 177: Ioana Catalina E / Shutterstock.com • S. 179/180: cloudless / Adobe Stock • S. 182/183: Olha Rohulya / Shutterstock.com • S. 184/185: Kai Meuschke – feriendorf-auerland.de • S. 187: Franziska Consolati • S. 189: Kim Brunner / Shutterstock.com • S. 192/193: Irma Marneth / Shutterstock.com • S. 195: cstirit / Adobe Stock • S. 196/197: DZiegler / Adobe Stock • S. 199: Matyas Rehak / Shutterstock.com • S. 201 (alle): Internationales Samba-Festival Coburg • S. 203: Sean Romanowski • S. 204: Ingo L / Shutterstock.com • S. 206: ThePhotoFab / Shutterstock.com • S. 207: Simon Dannhauser / Shutterstock.com • S. 209: maradek / Shutterstock.com • S. 210/211: Mirko Boy / Adobe Stock • S. 124–140: Karten der Länder: seamuss / Shutterstock.com

893870 01 21 3

ISBN 978-3-95889-387-0

Dieses Buch ist eine Sammlung von Erlebnissen, die sich mir nach meinen Reisen um die Welt gleichermaßen im Herzen wie im Gedächtnis verankert haben. Hinzu kommen Abenteuer, für die mir bis dato die passende Gelegenheit gefehlt hat, die aber einen festen Platz auf der imaginären Liste meiner Reiseträume haben.

Den Großteil der Erlebnisse in diesem Buch habe ich in ferneren, auch in näheren Ländern erlebt – (noch) nicht immer aber an den Orten in Deutschland, die ich hier vorschlage.

Dennoch stelle ich mich nach einer umfassenden, intensiven Recherche mit viel Herzblut und Gänsehaut-Erinnerungen mit bestem Gewissen hinter diese Sammlung.